La Mer

DÉPÔT LÉGAL
1896

LA MER

ÉVREUX, IMPRIMERIE DE CHARLES HÉRISSEY

JEAN RICHEPIN

LA MER

NOUVELLE ÉDITION

PARIS
BIBLIOTHÈQUE-CHARPENTIER
G. CHARPENTIER ET E. FASQUELLE, ÉDITEURS
11, RUE DE GRENELLE, 11

1896

UN DIZAIN DE SONNETS

en guise de

PRÉFACE

I

Parmi les vains désirs, à l'avance déçus,
N'est-ce pas le plus fou, celui dont je me vante,
De faire dans des mots tenir la mer vivante
Avec tous ses secrets que nul n'a jamais sus ?

Sans doute. Mais pourtant, auprès d'elle, et dessus,
J'ai passé de longs jours d'extase captivante.
J'en ai bu la tendresse et mangé l'épouvante.
C'est ce que j'ai senti dont mes vers sont tissus.

Pour un si grand tableau, certes, l'étoffe est brève.
Ah! tout ce qu'on entend, ce qu'on voit, ce qu'on rêve
Devant cet infini qui change incessamment !

Espérer qu'on l'embrasse est un enfantillage.
Bah ! Dans la goutte d'eau luit tout le firmament.
Et tout l'Océan chante au fond d'un coquillage.

II

Aussi bien, après tout, puisque je suis ici
En train de m'excuser, ô lecteur bénévole
Qui jugeras si mon espérance était folle
Ou si mes orgueilleux projets ont réussi,

Il faut de bout en bout que tu sois éclairci.
Avant que mon esquif ouvre l'aile et s'envole,
En style familier, sans ornement frivole,
Je vais pour mon audace implorer ta merci.

Assez de mauvais gas à sinistre figure
Me jetteront du quai quelque mauvais augure
Pour ameuter sur moi les colères du vent !

Je veux que ton souhait me conduise au mouillage,
Et que ta voix sans haine au départ me suivant
Pour bénédiction m'envoie un : — Bon voyage !

III

Et d'abord, sache bien à ma louange, ami,
Que je ne suis pas, comme on dit, marin d'eau douce.
De tanguer et rouler j'ai connu la secousse.
Sur un pont que les flots balayaient j'ai blêmi.

J'ai travaillé, mangé, gagné mon pain parmi
Des gaillards à trois brins qui me traitaient en mousse.
Je me suis avec eux suivé la gargarousse.
Dans leurs hamacs, et dans leurs bocarts, j'ai dormi.

J'ai vu les ouvriers du large et ses bohêmes.
J'ai chanté leurs refrains et vécu leurs poëmes.
Et tu verras ici des vers en maint endroit

Lesquels furent rhythmés au claquement des voiles
Cependant que j'étais de quart sous mon suroît,
Le dos contre la barre et l'œil dans les étoiles.

IV

N'aurais-je que cela, c'est au moins pronostic
D'une sincérité qui n'est plus ordinaire.
Il est si simple, avec un fort dictionnaire,
D'en extraire des mots, d'en faire un bon mastic,

Et comme un pain tout chaud de l'offrir au public
Sans dire les débris dont c'est originaire.
Ce n'est point ma façon. Mon blé sort de mon aire.
Bien ou mal, mes tableaux ne sont jamais *de chic*.

Est-ce à dire qu'en moi j'ai la science infuse ?
Ne me fais pas parler ainsi. Je m'y refuse.
Car j'en ai lu ma part, sùr, de papier noirci.

Livres savants, surtout. Même, à propos de livre,
Il en est un, ma foi, qui m'a mis en souci.
Parlons-en, si tu veux, et que ça m'en délivre !

V

D'aucuns m'ont demandé, d'un ton presque aigrelet
Et qui m'a sur l'instant rendu presque morose,
Pourquoi je risque en vers ce qu'en si belle prose
A marqué de son sceau le voyant Michelet.

— Espères-tu mieux faire, et n'est-il pas complet?
Veux-tu donc ajouter des feuilles à la rose?
Ce chêne a-t-il besoin que de rime on l'arrose?
Labeur stérile! — Soit! Mais, d'abord, il me plaît;

Or, en fait de raisons, je crois que c'en est une.
Puis, ce qui me décide à tenter la fortune,
C'est que nul homme, d'où qu'il prenne son essor,

Et si profond qu'il pense, et si haut qu'il résonne,
N'accapare la mer et n'en fait son trésor.
Elle est à tout le monde en n'étant à personne.

VI

Elle est à tout le monde en n'étant à personne.
Il suffit de l'aimer pour avoir son amour,
Et chacun en passant la fait sienne à son tour ;
Mais au moule d'aucun elle ne se façonne.

Ainsi, pour grand qu'il soit, celui-là déraisonne
Qui voudrait l'enfermer en cave dans sa tour.
De l'âme qu'elle verse à ces buveurs d'un jour
Elle reste à jamais l'immortelle échansonne.

Pourquoi donc à son cœur ne pas mêler mon cœur ?
Pourquoi n'aurais-je pas ma part de la liqueur,
La coupe intarissable étant devant ma bouche ?

Puis, j'ai d'autres raisons encore. Oui, Michelet,
C'est un génie, un phare ; et gare à qui le touche !
Je plaiderai pourtant ma cause comme elle est.

VII

Michelet à la mer a fait parler son verbe,
Son verbe à lui, brûlant, haché, fiévreux, nerveux,
Eclairs et coups de vent, bonds et langues de feux,
Rayons de miel doré, tranches de fruit acerbe.

Beau verbe ! Mais le tien, ô mer, est plus superbe,
Lorsque l'orage en rut mord ton mufle baveux,
T'empoigne à bras le corps, t'arrache les cheveux,
Et te les éparpille au loin comme un tas d'herbe.

Beau verbe ! Mais le tien, ô mer, est plus câlin,
Quand le soleil sur toi se couche à son déclin,
Que ton corps frissonnant se pâme à ses caresses,

Et que parmi les bruits lentement apaisés
Tu t'endors alanguie à de vagues paresses
Où passent en chantant des rêves de baisers.

VIII

Et les marins, leur joie et leur mélancolie !
Michelet a-t-il donc tout su, tout remarqué ?
Et le vieux en retraite, et le mousse embarqué,
Et les partances loin de la douce jolie,

Et les nuits de bordée à terre et de folie,
Et les sombrages quand la carène a craqué,
Et les femmes en deuil attendant sur le quai,
Et les morts dont s'éteint la mémoire abolie !

Il entendit et vit ce que j'entends et vois,
Aspects de ta figure et notes de ta voix,
Sans doute, ô mer. Pourtant, a-t-il tout dit ? Non certes.

Dirai-je tout ? Non plus. Mais plus que lui ? Qui sait ?
Car j'ai la chance, pour toucher ces orgues vertes,
D'avoir un pédalier qu'il n'avait pas. — Et c'est ?

IX

— C'est le vers, rhythme et rime, harmonie et cadence ;
Le vers souple, ondulant, multiforme, divin,
Mystérieux. Il a des secrets de devin
Pour accoupler des mots la lointaine accordance.

Vague et précis, léger et lourd, subtil et dense,
Il peut tout embrasser, tout lui résiste en vain.
Du pain de la pensée il est le sûr levain.
A ce front ténébreux comme un éclair il danse.

Quelle plume jamais, plume d'aigle ou d'acier,
Ou même d'or, vaudra ce magique sorcier
Qui rend formes, couleurs, sons, et le corps, et l'âme ?

— Eh là ! pas tant de coups d'encensoir, imprudent !
— Pardon, lecteur ! Pardon, Michelet ! Je m'enflamme.
Je fais du vers un dieu ; j'ai tort. Et cependant !...

X

Grands oiseaux voyageurs qui risquez l'aventure
De traverser la mer, jamais vous n'y posez ;
Et quand l'ouragan pèse à vos membres brisés,
Vous tombez sur les ponts où l'homme vous capture.

Mais l'heureux goëland à la double nature
Plane ou vogue à loisir sur les flots maîtrisés.
A leur crête en fureur son vol met des baisers,
Et leurs dos arrondis lui servent de monture.

Sur les vagues ainsi je veux que mes pensers
Soient dans l'onde et dans l'air tour à tour balancés ;
Et, s'il faut l'avouer, voilà tout le mystère

Qui fait que le vers seul m'y paraît excellent.
La prose, même ailée, est un oiseau de terre ;
Mais le vers nage et vole... — Allez, mon goëland !

LES LITANIES DE LA MER

LES LITANIES DE LA MER

Sancta Maria! Mers, mers saintes, mers bénies,
Mers qui faites la mer, c'est vers vous, vers toi, Mer,
Que veut s'épanouir en riches litanies

Le jardin de mon âme où le blasphème amer
Brûlait hier encor pétales et corolles.
Au livre des chrétiens j'ai choisi le même air,

Les mêmes oraisons et les mêmes paroles
Qu'ils exhalent vers la Mère de leur Sauveur.
Pour toi j'ai déroulé l'or de ces banderoles,

Pour toi du vin dévot j'ai goûté la saveur,
Je me suis enivré de son bouquet mystique,
Et l'athée a connu l'extase et la ferveur.

O mer, j'ai retrouvé la foi, moi le sceptique,
J'ai retrouvé l'amour, moi le cœur mécréant,
Moi le tueur de Dieux, pour chanter ton cantique,

Déesse que je vois sans relâche créant,
Et toujours pullulante et jamais immobile,
Ordre et chaos, matière et force, être et néant !

Mais pour te célébrer que je me sens débile !
Rien que de le vouloir, j'en ai les nerfs tordus.
Comme des flots de sang, comme des jets de bile,

Comme un torrent de lave et de métaux fondus,
Les mots en tourbillons me montent à la bouche,
Pressés, tumultueux, bouillonnants, éperdus.

O monstrueux enfants dont il faut que j'accouche !
Mon palais se déchire à leurs fracas grondants,
Ma langue se dessèche à leur souffle farouche,

Mes lèvres vont se fondre à leurs charbons ardents,
Et ces escadrons fous galopant ventre à terre
M'arrachent la poitrine et me brisent les dents.

O mer, que dans tes eaux leur feu se désaltère !
Images, verbes, vers, allez, prenez l'essor,
Ruez-vous dans son gouffre, assaillez son mystère,

Et tâchez d'être aussi brillants que son trésor,
Mots aux casques d'argent lourds de joaillerie,
Mots caparaçonnés de diamants et d'or !

Sainte mère de Dieu, car c'est toi la patrie
De l'homme, et Dieu naquit dès que l'homme eut rêvé ;
C'est de ton horizon et de sa rêverie

Que pour la prime fois le spectre s'est levé.
O spectre vague, qui d'abord des flots émerges,
Tu leur dois d'être au monde, à nous d'être achevé.

Mer, église où la nuit vient allumer des cierges,
Où le soir s'évapore en nuages d'encens,
Où le chrétien te voit, *Sainte Vierge des Vierges*,

Dans le magnificat des Chérubins dansants
Qui te font un grand dais de l'ombre de leurs ailes
Cependant que ton fils sourit à leurs accents.

2.

Mère du Christ, de moi n'espère point ces zèles.
C'est la mer que je vois dans la mer, et non pas
Ces images d'un culte insipide sans elles,

La mer, azur et moire, émeraude et lampas,
La mer aux flots sauteurs comme un troupeau de zèbres,
La *Mère de l'auteur de la grâce*, aux appas

Innombrables, divers, gais ensemble et funèbres,
Car la grâce est la vie, et l'onde en est l'auteur,
Et la clarté du jour surgit de ses ténèbres.

O mer, déroule ici tes flux avec lenteur,
Et fais voir à mes yeux d'autres allégories
Que *Mère du Sauveur*, *Mère du Créateur*.

Mère très pure, ô mer où les algues flétries,
Les éléments dissous, les corps décomposés,
Les putréfactions et les pouacreries,

Pour des êtres nouveaux bientôt organisés
Retrouvent la jeunesse et sa fleur d'innocence
Dans ta suave haleine et tes vivants baisers !

Mère très pure en qui la mort devient naissance,
Mère très pure en qui l'immonde s'abolit,
Mère très pure en qui l'impur change d'essence !

Mère très chaste, nul ne partage ton lit,
Ni le soleil royal l'embrasant de son faste,
Ni l'homme qui de sa vermine le salit,

Ni le vent qui s'y vautre en rut et le dévaste.
Dans ce lit tout ouvert ton corps s'offre tout nu ;
Mais il reste à jamais sacré, *Mère très chaste*.

Car, *Mère toujours vierge*, aucun ne l'a tenu
Pantelant dans ses bras, pâmé sous ses caresses.
Et l'homme vieillira, le vent sera chenu,

Le soleil décrépit perdra l'or de ses tresses,
Tous tes amants seront dans la caducité,
Eux, vainqueurs qui comptaient par milliers leurs maîtresses,

Eux, don Juans au désir sans relâche excité,
Tous s'useront dans leur concupiscence vaine,
Avant d'avoir fait brèche à ta virginité.

Mère sans tache à qui nul n'a mis dans les veines
Une goutte de sang au germe adultérin !
Cavale en liberté qui mâches des verveines

D'une bouche où jamais on n'a passé le frein ;
Amazone sauvage et fièrement rebelle,
Aux flancs drapés d'hermine, aux seins bardés d'airain,

Indomptable tigresse aux yeux de colombelle
Toujours extasiés et toujours langoureux ;
Mère sans tache et pour cela d'autant plus belle,

Car les amants, plus forts de ce qu'on fait contre eux,
A tes rebellions doublent leurs convoitises,
Et les plus dédaignés sont les plus amoureux.

Pourtant, sans le vouloir, c'est toi qui les courtises,
Mère aimable, et les feux qui leur brûlent les reins,
Inextinguibles, fous, c'est toi qui les attises ;

C'est toi, c'est ton regard aux aimants souverains,
Tes cheveux dénoués flottant en mèches vertes,
Tes membres alanguis, onduleux, vipérins,

Qui promettent l'espoir d'étranges découvertes ;
Mère aimable, c'est toi qui leur tends comme appâts
Tes seins alliciants, tes lèvres entr'ouvertes.

Ah ! qui peut t'approcher et ne te vouloir pas ?
Par toi toute abstinence est muée en fringale
A la tentation de semblables repas.

Mère admirable, grâce et beauté sans égale,
Rien qu'à te contempler, sûr de ne point t'avoir,
D'ambroisie à plein cœur déjà l'on se régale.

Nectar des yeux, soma des pensers, réservoir
Débordant de splendeurs, de rêves, de féeries,
Pour être saoul d'amour il suffit de te voir,

Mère admirable dont les vagues sont fleuries
Quand le couchant ou l'aube aux rais papillotants
Sèment tous les métaux, toutes les pierreries,

Tous les écrins du prisme en reflets miroitants,
Tout l'arc-en-ciel dansant sur ton sein qui chatoie,
Mère admirable ayant chaque jour deux printemps !

Mère admirable quand, tel qu'un oiseau de proie,
Sur toi plane à midi le féroce soleil
Dont le vol immobile et dont l'œil qui flamboie

Silencieusement fascinent ton sommeil,
Tandis qu'une pudeur trouble ta chair, et semble
Y faire à fleur de peau monter un sang vermeil !

Mère admirable où dans la nuit palpite et tremble
Le triste et doux visage en pleurs du firmament ;
Ruche où, le soir venu, se retrouvent ensemble

Les abeilles du ciel à l'aurore essaimant ;
Hôtellerie où las de leur course orageuse
Les coureurs d'infini reposent en s'aimant ;

Couche d'Aldébaran et lit de Bételgeuse,
Mère admirable dont le giron complaisant
Unit ce voyageur et cette voyageuse !

Mère admirable et qui de ton cœur fais présent
Aussi bien aux petits, aux humbles, qu'aux étoiles,
Et qui ne t'appauvris jamais en le faisant,

Mère aux seins toujours pleins, toujours nus et sans voiles,
Où plantes, animaux, hommes, tous nous suçons
L'intarissable lait qui réjouit nos moelles.

Vierge vénérable, oh ! chère à tes nourrissons,
Bonne aïeule par qui notre terre est bercée
Aux ronrons endormeurs de lointaines chansons !

Plus vénérable encor depuis que la pensée
A mieux su ta grandeur en sondant tes secrets,
En apprenant comment par toi fut dispensée

L'originelle vie alors qu'en tes retraits
Bouillait obscurément le plus antique germe
Gros de tous les futurs épanouis après ;

Toi qui marques notre heure, au début comme au terme ;
Car le cycle complet des terrestres instants,
S'il fut ouvert par toi, c'est par toi qu'il se ferme ;

Toi qui connus le globe encor sans habitants,
Et qui le reverras sans un animalcule,
Dépouillé de ses bois, les membres grelottants,

Vide de la chaleur qui dans ses flancs circule ;
O mer qui reflétas l'aube des premiers jours
Et qui dois refléter le dernier crépuscule !

Vierge puissante, aux pas si légers et si lourds,
Guerrière dont les bras à l'étreinte mouvante
Sont plus durs que le fer, plus doux que le velours,

Toi qui, lasse parfois d'être notre servante,
Veux montrer que tu sais rugir et que tu mords,
Et qui surgis alors, le front ceint d'épouvante,

Terrible, crins épars, sans pitié, sans remords,
Parmi l'effondrement des flots et des orages
Portant dans chaque main une gerbe de morts.

Vierge puissante, aux cris de haine, aux pâles rages,
Qui vas soufflant dans un tempêtueux buccin
Déracineur de mâts et semeur de naufrages,

Qui de tes ongles verts te lacères le sein
En crachant jusqu'au ciel ta bave jaillissante,
Avec des gestes fous et des yeux d'assassin.

Tueuse de ton fils, que ton fils innocente ;
Car, lui donnant le jour, le lui prendre est ton droit,
Puits d'existence et puits de mort, *Vierge puissante !*

Vierge clémente, grâce ! Il fait nuit, il fait froid.
Sur sa nef en cercueil ouvrant sa voile en aile,
Le matelot s'embarque. En ta clémence il croit.

Et pour prix de sa foi te voilà maternelle.
Hélas ! sans cette mer, que deviendraient les siens ?
Sa femme et ses petits, leur pâture est en elle.

Aussi pour lui tes flots se font magiciens :
Plus il prend de poisson, plus le poisson augmente.
Tu rends aux pauvres gueux les miracles anciens,

Multipliant le pain dont leur faim s'alimente,
Changeant ton eau salée en des pichets de vin,
O sorcière qui les nourris, *Vierge clémente*.

Vierge fidèle, ceux qui vers ton cœur divin
Ont exhalé leur deuil, leur joie ou leurs chimères,
On n'en connaît pas un qui t'ait priée en vain.

Au triste, avec ses pleurs tes larmes sont amères.
Au joyeux tu souris. A tous tu sais payer
En immortel amour leurs amours éphémères.

Vierge fidèle, ainsi quand revient au foyer
L'exilé moribond qui sentant fuir sa vie
Veut râler dans le nid qui l'a vu bégayer,

Il rentre, et le foyer de sa flamme ravie
Tend vers lui ses rayons aux baisers réchauffants,
Heureux de contenter cette suprême envie ;

Ainsi tu gardes, toi, pour les vieux, tes enfants,
L'irrésistible attrait d'une patrie, et douce
Ta tendresse leur fait des trépas triomphants.

Ils ont connu pourtant ta voix qui se courrouce ;
Ils ont eu contre toi des luttes sans quartier ;
Depuis l'âge où l'on part en pleurant, pauvre mousse,

Jusqu'à l'âge où, fourbu, l'on quitte le métier,
Ils ont peiné sur toi durement et sans trèves,
De dix à soixante ans, un demi-siècle entier ;

Et ce qui reste encor d'huile à leurs lampes brèves,
Au lieu de l'abriter dans la paix des maisons,
Ils viennent jusqu'au bout l'user au vent des grèves.

Il leur faut ton haleine et tes grands horizons,
La mouette effleurant les vagues d'un coup d'aile,
Les moutons écumeux secouant leurs toisons,

Et ton âme enfin, car leur âme est faite d'elle,
Ame d'enfants, cristal aussi clair que leurs yeux,
Aussi pur que ton cœur, cœur d'or, *Vierge fidèle.*

Miroir de la justice, exact et spacieux,
Devant qui tout défile, en qui rien ne demeure,
Où l'on peut de sa main toucher le fond des cieux,

Où l'homme épouvanté qui sombre, avant qu'il meure
Revoit comme un éclair sa vie en un moment !
Miroir impartial où sont à la même heure

Tous les matins levés, toutes les nuits dormant,
Tous les rayons, tous les fantômes de la nue,
Tout le fourmillement sans fin du firmament,

Et jusqu'aux gouffres noirs pleins d'une ombre inconnue
Où roulent radieux des astres si lointains
Que leur lumière à nous n'est pas encor venue.

Miroir de la justice, où nos futurs destins
Sont écrits près de notre existence passée,
Réglés fatalement par des arrêts certains,

Miroir où l'infini regarde sa pensée,
Pèse le mal, le bien, et, les équilibrant,
La trouve aux deux plateaux strictement balancée.

Miroir de la justice, où l'homme injuste apprend
Que ce mal et ce bien ne sont rien qu'apparences ;
Car ce que prend un jour, un autre nous le rend.

Trône de la sagesse aux tendres remontrances,
Nous enseignant ainsi par ta sérénité
L'oubli des vains espoirs, des regrets et des transes ;

Trône où notre regard se connait limité,
Et revenu du rêve et des apothéoses,
A conscience enfin de notre humilité.

Mais trône dont l'épine aussi porte des roses ;
Parfum d'où monte au cœur le légitime orgueil
De gravir jusqu'à toi par l'escalier des causes,

De voir le fond du temple en en baisant le seuil,
Et d'y trouver la grande Isis qui, dévoilée,
Nous prendra par la main pour nous y faire accueil.

Trône de la sagesse aux pieds de mausolée,
Mais au dais triomphal où flambe un ostensoir,
O science, ô tombeau de la foi désolée,

Berceau de l'espérance, aube qui nais du soir,
O mer qui nous montras nos fins, notre origine,
Trône de la sagesse où l'homme va s'asseoir !

Cause de notre joie, où la Grèce imagine,
Parmi les rires frais et les cris éclatants
Des trois Grâces, Thalie, Aglaé, Euphrosyne,

Dans les zéphyrs fleuris d'un matin de printemps,
Kypris Aphroditè qui jaillit d'une vague,
Le corps vêtu d'écume et les cheveux flottants !

Déesse, ô rêve éteint, mais que moi qui divague
Je rêve encor parfois, fils des anciens chanteurs,
Déesse dont j'ai vu l'apparition vague,

Le soir, quand l'air traînait de troublantes senteurs
Tandis qu'à l'horizon se gonflaient ta poitrine
Et ton ventre où buvaient mes yeux profanateurs ;

Cause de notre joie, Aphroditè marine,
J'eusse aimé vivre à l'heure où sur ses noirs chevaux
Emportés et ronflant du feu par la narine

Arès te promenait devant les Dieux nouveaux,
Quand Héphaistos tout seul blâmait ton adultère,
Quand tes crimes d'amour n'avaient que des dévots.

Alors d'une voix forte et sans jamais me taire,
Prêtre, aède exalté, j'aurais chanté le los
De ta religion, jeunesse de la terre.

Vase rempli des dons du Saint-Esprit, ô flots,
Flots de l'abîme sur lesquels, dit la Genèse,
Etait porté, devant que rien ne fût éclos,

L'esprit de Dieu! Flots noirs où roulait à son aise
Le chaos dont ce globe allait sortir vivant,
Statue informe encor, bronze dans la fournaise.

Vase, ce saint Esprit, ce Dieu, n'étaient que vent.
Ce qui te remplissait à cette heure, ô fantôme,
C'est ce qui te remplit toujours, après, avant,

De toute éternité, conclusion, symptôme :
Le rut des éléments en marche vers le rien
Se cherchant dans la nuit pour engendrer l'atome.

Vase d'honneur, nombril du monde assyrien,
Où l'antique Oannès, dieu-poisson, se révèle,
Créant tout, de ses yeux l'espace aérien,

La terre de son cœur, le ciel de sa cervelle,
Mais ne te créant pas, toi son prédécesseur,
En qui lui-même il rentre et prend forme nouvelle.

Vase insigne, versant la paix et la douceur,
Vase aux parois d'argent, aux fines ciselures,
Et dont la lèvre pour la nôtre est une sœur,

Ton breuvage est doré comme des chevelures,
Vert comme l'émeraude et bleu comme le ciel,
Plein d'étranges fraîcheurs et d'étranges brûlures,

Mieux fleurant que la menthe et l'anis et le miel,
Et vous laisse à la fin un goût saumâtre et rêche,
Plus fade que du sang, plus amer que du fiel.

Vase insigne, car tes vapeurs sont une crèche
Où les troupeaux errants des vaches de l'azur
Paissent sans l'épuiser une herbe toujours fraîche,

Et se gonflent le pis d'un lait crémeux et pur
Pour le verser en pluie et faire dans la plaine
La chair des fruits, le sang du vin, l'or du blé mûr.

Rose mystique, rose à l'odorante haleine,
O rose dont le cœur s'entr'ouvre en souriant,
O rose, fleur d'Hélène et fleur de Madeleine,

Fleur de la volupté, mer qui vas charriant
Tant d'embryons épars accouplés pêle-mêle,
Rose rose au couchant et rose à l'Orient,

Rose dont le calice ardent sent la femelle,
Rose que rien ne fane à l'éternel rosier,
Rose mystique, rose idéale et formelle ;

Formelle, quand sur toi le soleil en brasier
Verse à tes flots sa pourpre et les change en pétales
Que tout son rouge sang ne peut rassasier ;

Formelle, quand alors au loin tu les étales
Ainsi qu'une corbeille effeuillée à l'autel
Et qu'arrangent en lit des mains sacerdotales ;

Idéale, car sous l'aspect accidentel
Que te donnent ainsi ces lueurs passagères
Nos périssables yeux perçoivent l'immortel !

Les rêves d'infini, c'est toi qui les suggères,
Rose mystique, rose idéale ; et mon cœur
A bien pu blasphémer leurs splendeurs mensongères,

Dire qu'à ces désirs éclôt notre rancœur,
Et crier qu'on est sage en détournant sa bouche
De cette ténébreuse et soûlante liqueur,

O rose, malgré tout ton mystère me touche,
Et je ne vois jamais au fond de l'horizon
Dans ton immensité le soleil qui se couche,

Sans regretter le temps où ton divin poison
Guérissait le vieux mal qui ronge nos entrailles,
Le vieux mal de douter dont meurt notre raison.

Tour d'ivoire du haut de laquelle tu railles,
O foi, tranquille foi, nos doutes angoissés,
Tour d'ivoire, tour blanche aux solides murailles,

Tour de la certitude où vous vous prélassez,
Croyants dont rien n'abat la croyance vivace,
Croyants dans la prière et l'espoir cuirassés.

Tour d'ivoire, redoute aux remparts sans crevasses,
Au sommet de laquelle en contemplation
Les fidèles pieux voient leur Dieu face à face !

Tour d'ivoire où le Christ parle à sa nation,
Et donne à ses élus les clefs adamantines
De la porte qui clôt la céleste Sion,

Tour d'ivoire, lieu saint dont j'ai fait des sentines,
Renonçant à ma part du délice promis,
Volontaire exilé des fausses Palestines !

Tour d'ivoire d'où les mécréants sont vomis !
Mais *Tour d'ivoire* aussi de la science obscure
Qui doit mieux que la foi consoler ses amis.

Maison d'or où se tient, les mains sur la figure,
Celle dont Héraclite a vu l'œil caverneux,
Celle dont le sourire éclairait Epicure,

Celle dont le baiser s'épanouit en eux,
Celle que les chrétiens ont cru mettre au suaire
Et qui le déchira de ses doigts lumineux,

La Nature, l'informe, à qui nul statuaire
Ne peut forger un corps et qui vit cependant,
Dernière déité du dernier sanctuaire !

Maison d'or où nous la verrons ! En attendant
Que nous ayons conquis les suprèmes sagesses
Et que de l'infini l'homme soit confident,

Maison d'or, ô palais regorgeant de richesses,
O toi qui nous promets le pain de nos esprits,
Pour le pain de nos corps tu répands tes largesses.

Sans doute il sera beau d'avoir enfin compris ;
Mais pour toucher au but de ce pélerinage,
Il faut vivre d'abord : l'étape est à ce prix.

Et comment vivons-nous, marcheurs qui d'âge en âge
Allons en nous disant qu'on arrive demain,
Marcheurs infatigués malgré nos fronts en nage ?

Nous vivons de l'aumône offerte à notre main
Par toi, mer charitable, en qui se vivifie
L'air que nous respirons tout le long du chemin,

Par toi, sans qui la terre exsangue, en atrophie,
Ne serait bientôt plus qu'un squelette sans chair,
Par toi qui nous en fais une table servie,

Maison d'or dont le maitre au pauvre n'est pas fier,
Où les grains prodigués sont à qui les picore,
Et grande ouverte à tous sous ton vitrage clair.

Et nul ne sait pourtant quelle splendeur décore
Les creux inexplorés où tes gouffres roulants,
Qui donnent tant de biens, en cachent plus encore,

Maison d'or où depuis des mille et des mille ans,
Entraînant le meilleur du sol, tombent les fleuves,
Maison d'or où s'exhausse en monceaux opulents

La poudre dont naîtront plus tard des îles neuves,
Maison d'or où se fait un tas de millions
Du sou des orphelins, de l'obole des veuves,

Et du lourd chargement des riches galions,
Tout sombrant pêle-mêle au fond de tes royaumes
Dont jamais moissonneur n'a fauché les sillons.

Maison d'or, le cristal mobile de tes dômes
Est cependant la route où sans peur du danger
Va l'homme curieux des mœurs, des idiomes,

Chercher au loin la main de son frère étranger ;
Et grâce à cette route, *Arche de l'alliance*,
Tous les peuples épars ont pu se mélanger.

4

L'amorce de l'obstacle offerte à leur vaillance
Aiguisa l'appétit des efforts généreux ;
Et mettant tout, bonheur, patrie, en oubliance,

Ils prirent vers le large un vol aventureux
Pour qu'un jour tous les fils rapprochés par tes ondes
Pussent se reconnaître et se bénir entre eux.

Arche de l'alliance, aux promesses fécondes,
C'est par toi que plus tard les races se fondront ;
Les mondes séparés ne seront plus deux mondes ;

Le globe n'aura plus qu'un seul cœur, un seul front :
Sainte communion de la famille humaine
Autour d'un fraternel banquet assise en rond !

Porte du ciel ouvrant ce radieux domaine
Où tous seront élus, nuls ne seront maudits,
Repos dominical de la longue semaine,

Sûre abolition des antiques édits
Qui nous ont condamnés à combattre pour vivre,
Porte du ciel, ô seuil des futurs Paradis !

Porte dont au couchant on voit les gonds de cuivre !
Beau ciel en qui je n'ai pas foi, ciel du progrès,
Souvent je sens en moi sourdre un désir de suivre

Ceux qui marchent vers toi, qui te disent tout près ;
Et j'ai beau m'assurer que ton aube est menteuse,
Si je ne m'y rends pas, ce n'est point sans regrets.

Étoile du matin, divine entremetteuse,
Pardonne si mon cœur résiste à tes clins d'yeux,
Aux ensorcèlements de ta voix chuchoteuse,

Et si, rebelle à ton sourire insidieux,
Je refuse d'entrer au temple où l'on redresse
Pour ce Dieu nouveau-né l'autel des anciens Dieux.

Étoile du matin, ah ! je comprends l'ivresse
De ceux à qui ta vue a troublé la raison,
Et qui, t'aimant ainsi qu'on aime une maîtresse,

Abandonnent pour toi leur mère et leur maison,
Sans pouvoir se douter qu'au bout de leur folie
Le prix de tant d'amour sera ta trahison.

Toi que ta cruauté rend encor plus jolie,
Que de fois ton regard dans ma gorge planté
Y laissa le venin de la mélancolie !

Par bonheur il ressemble à ce fer enchanté,
Remède autant que mal, qui guérit ceux qu'il blesse.
Etoile du matin trompeuse, mais *Santé*

des infirmes, ô mer, recours de la faiblesse,
Baume énergique et sûr en qui se retrempant
Le corps reprend sa sève et l'esprit sa noblesse ;

Bain de vigueur, étreinte aux anneaux de serpent,
Lutte contre la vague et le souffle du large,
Grains d'iode et de sel que le poudrain répand ;

Rien qu'à humer l'embrun dont s'argente ta marge,
O mer, rien qu'à courir parmi tes goëmons,
Notre sang ressuscite et bat le pas de charge,

Nos enfants délicats redeviennent démons,
Le soleil se rallume à leur face blêmie ;
Et, retrouvant l'Avril, celles que nous aimons

Voient éclore à leur joue une rose endormie,
Si bien qu'un ton vermeil empourpre les lis blancs
Qui tristes s'y fanaient hier dans l'anémie.

O mer, vin des petits, lait des vieillards tremblants,
En même temps *Santé des infirmes* de l'âme ;
Car l'âme à ton aspect ranime ses élans.

Et repart plus allègre au but qui la réclame,
Travaux, rêves, pensers, amours, ambitions,
Pareille au chevalier qui voyait l'oriflamme.

Las du combat, blessés, vaincus, nous languissions.
Mais te voilà, *Santé des infirmes*. Alerte !
Plus de lâches repos ! Plus d'hésitations !

Recommençons la lutte, et, fût-ce à notre perte,
Marchons ! S'il faut périr, nous périrons debout.
On entend le clairon et la lice est ouverte.

L'espoir gonfle mon cœur. Mon œil luit. Mon sang bout.
Parmi les rangs épais je taillerai ma route.
Le combat sera long ; mais la gloire est au bout.

4.

Et si la gloire doit me faire banqueroute,
Si le but se dérobe à mes assauts chercheurs,
C'est près de toi qu'ira mon orgueil en déroute,

Près de toi, pour calmer sa fièvre à tes fraîcheurs,
Pour pouvoir de ton sel panser sa cicatrice,
Près de toi, près de toi, *Refuge des pécheurs*,

Solitude pour les vaincus réparatrice,
Béquille soutenant les espoirs sans ressort,
Mort des remords, tombeau des pleurs, *Consolatrice*

Des affligés, retraite à l'éclopé qui sort
De la bataille après la dernière trouée,
Ligne de sauvetage aux naufragés du sort

Dont la barque ne peut plus être renflouée
Et qui, juste au moment de sombrer sous les flots,
Peuvent se raccrocher des doigts à ta bouée.

Refuge des pécheurs, tu connus mes poings clos
Frappant sur ma poitrine au jour des repentances ;
Tu connus mes remords qui crevaient de sanglots,

Mon équité rendant contre moi des sentences,
Et mon cœur indigné du mal qu'il avait fait
S'infligeant en retour de rudes pénitences.

Mais alors qu'au plus fort du deuil il étouffait,
O mer, c'est toi qui vins apaiser ses alarmes,
Consolatrice des affligés en effet,

Consolatrice aux mots profonds et pleins de charmes
Qui sais ce qu'il faut dire aux plus désespérés,
Consolatrice dont la main sèche leurs larmes !

O vous qui comme moi près d'elle souffrirez,
O vous qui comme nous avez souffert près d'elle,
Lamentable troupeau de fous et de navrés

Dont la consolatrice est l'amante fidèle,
O vous tous qu'elle endort, malades enfançons
Puisant le lait d'oubli dans ses seins d'asphodèle,

Unissez votre voix à la mienne et lançons
Vers son trône encensé du feu de nos louanges
L'hosanna de nos plus triomphales chansons !

Salut, pleine de grâce en fleurs, *Reine des anges*
Au manteau d'émeraude ourlé de vif-argent,
O mer qui bois nos pleurs, qui déterges nos fanges,

Qui laves sans dégoût les pieds de l'indigent,
Reine qui fais éclore aux vagues où tu marches
Un jardin de joyaux et d'oiseaux ramageant,

Reine dont l'auréole est le grand pont sans arches
De l'arc-en-ciel ouvrant ses bras aux malheureux ;
Reine douce aux vieillards, *Reine des patriarches*,

Qui redeviens servante et nourrice pour eux,
Et parfumes leurs jours derniers de longues fêtes,
Soufflant à leurs poumons ton souffle généreux ;

Reine de poésie et *Reine des prophètes ;*
Car ceux qui vont portant des ombres dans leurs yeux,
C'est de ton infini que leurs ombres sont faites ;

Et ceux qui vont criant de grands mots vers les cieux,
Et dont le cœur s'épuise à réchauffer les nôtres,
Ces grands mots exaltés au vol audacieux

C'est toi qui les leur dis pour les redire aux autres,
O toi, langue de feu qui viens les embraser,
O *Reine des martyrs* et *Reine des apôtres*,

O reine qui leur mets aux lèvres ton baiser,
Ta palme dans la main, ta foi dans les prunelles,
Et les force d'aller et d'évangéliser !

O Reine, ô Mer, j'irai ! Sur tes vagues, en elles,
J'ai passé bien des jours et bien des nuits, rêvant
Pour tâcher d'entrevoir les splendeurs éternelles

Des symboles cachés sous ton voile mouvant,
Miroir incessamment agité qui reflètes
Les tourbillons sans but de l'univers vivant.

Et je t'ai vue, Isis aux phrases incomplètes,
Kypris Aphrodité fantôme à l'horizon,
Nature dont le corps étreint de bandelettes

Reste toujours informe et sans terminaison,
Conscience qui veux vainement te connaître,
Ame du monde dont le monde est la prison,

Toi qui nais pour mourir et qui meurs pour renaître,
Sans pouvoir te fixer, te saisir un instant,
Être qui n'es jamais, néant sûr de ton être,

Déesse, je t'ai vue au visage flottant
De la mer qui ruisselle et roule à ton exemple,
Impuissante à trouver le niveau qu'elle attend.

O toi dont l'infini dans ses flots se contemple,
Déesse, pour louer tes charmes souverains,
J'ai voulu de mes vers t'édifier ce temple ;

J'ai pris aux mots leurs ors, leurs marbres, leurs airains ;
Pillant ces jardiniers, volant ces lapidaires,
J'ai cueilli leurs bouquets, j'ai vidé leurs écrins ;

En images flambant comme des lampadaires
J'ai fait s'illuminer d'un rayon fulgurant
L'allégorie obscure aux ombres légendaires ;

Parmi les brouillards bleus de l'encens odorant,
Des orgues j'ai versé toutes les harmonies,
Susurrements de brise et fracas de torrent,

Et chantant de mon mieux en syllabes bénies
Ta grâce et tes fiertés, ta force et tes douceurs,
J'ai répandu mon cœur d'athée en litanies

Pour confesser ta foi, *Reine des confesseurs.*

MARINES

I

ACCOUCHEMENT

Que la mer soit sacrée à nos cris mécréants !
Quand s'étalait partout l'onde triomphatrice,
Quand sa peau n'avait pas encor la cicatrice
Du sol au corps solide où nous marchons céans,

Ce globe énorme, gros du flux des Océans,
Etait le ventre rond d'une génératrice.
Les continents futurs gonflaient cette matrice
Où durcissaient déjà leurs squelettes géants.

Le liquide bourbier de la première vase
Leur fut comme le sang que la femme extravase
Pour faire à l'embryon une chair et des os ;

Si bien qu'enfin, au ras des flots tièdes et fauves,
Les rocs parurent, hors de la poche des eaux
Que ces fils monstrueux crevaient de leurs fronts chauves.

II

LES PAPILLONS

— Papillons, ô papillons,
Restez au ras des sillons.
Tout au plus courez la brande.
C'est assez pour vos ébats.
Qu'allez-vous faire là-bas,
Tout petits sur la mer grande ?

— Laisse-nous, décourageux !
Il faut bien voir d'autres jeux
Que ceux dont on a coutume.
Quand on est lassé du miel,
Ne sais-tu pas que le fiel
Est doux par son amertume ?

— Mais des fleurs pour vos repas,
Là-bas vous n'en aurez pas.
On n'en trouve que sur terre.
Pauvres petits malheureux,
Vous mourrez le ventre creux
Sur l'eau nue et solitaire.

— O l'ennuyeux raisonneur
Qui met sur notre bonheur
L'éteignoir d'avis moroses !
Ne vois-tu pas que ces prés
Liquides sont diaprés
De lis, d'œillets et de roses ?

— Papillons, vous êtes fous.
Ces fleurs-là, m'entendez-vous,
Ce sont les vagues amères
Où les rayons miroitants
Font éclore le printemps
Dans un jardin de chimères.

— Qu'importe, si nous croyons
Aux fleurs de qui ces rayons
Dorent la belle imposture

5.

Dût-on ne point les saisir,
N'est-ce pas encor plaisir
Que d'en risquer l'aventure?

— Allez, vous avez raison.
Comme vous à l'horizon
Mes vœux portent leur offrande.
Poètes et papillons,
Partons en gais tourbillons,
Tout petits sur la mer grande.

III

LES HIRONDELLES DE MER

La mer n'est plus terne.
Le soleil renaît.
Car voici le sterne
Et le martinet.

Leurs pattes à peine
Se voient à leur flanc.
Leur dos est d'ébène,
Et leur ventre blanc.

Leur vol qui zigzague
Fuit, capricieux,
Du ras de la vague
Au plus haut des cieux,

Et, par lignes droites.
Où vont s'allongeant
Leurs ailes étroites,
Semble en y plongeant

Au bleu de l'espace
Comme au vert des eaux
Donner quand il passe
Des coups de ciseaux.

Coupez, coupez ferme
Et d'un geste sûr
Le voile où s'enferme
Le timide azur.

Coupez de votre aile
Le brouillard dernier
Où le printemps frêle
Reste casanier.

Afin qu'il soit brave
Comme vous, oiseaux,
Coupez son entrave
De vos noirs ciseaux.

Aux trous que vous faites
Qu'il regarde un peu
Sur la mer en fêtes
Le soleil en feu,

Et qu'il apparaisse,
Délivré par vous,
Montrant la caresse
De ses grands yeux fous.

IV

LA FALAISE

La falaise en forteresse
Blanche et rigide se dresse,
Et du haut de ses remparts,
O vagues, elle se raille
De vos escadrons épars
Écrasés à sa muraille.

En vain vous la menacez
De vos coups jamais lassés,
De vos troupes toujours fraîches;
La garnison pas à pas,
Vous laissant ouvrir vos brèches,
Recule et ne se rend pas.

Parfois, doublant votre rage,
Bat le tambour de l'orage,
Sonne le clairon du vent.
Vous galopez d'une traite.
Au galop ! Sus ! En avant !
Vous escaladez la crête.

Les talus sont arrachés,
Des pans de sol, des rochers.
La vieille se démantèle,
Et voici de toutes parts
Que s'émiettent devant elle
Les créneaux de ses remparts.

Dans sa muraille éventrée
Votre irrésistible entrée
Va, creuse, élargit son trou,
Bondit, massacre, renverse,
Brèche suprême par où
Il pleut des morts en averse.

Mais ces cadavres croulants
Embarrassent vos élans ;
Car la plage est toute pleine

D'un monceau d'estropiés
Où vos chevaux hors d'haleine
S'abattent pris par les pieds.

Et toujours la forteresse
Blanche et rigide se dresse,
Puisque sans peur ni remords
Pour briser vos cavalcades
C'est avec ses propres morts
Qu'elle fait des barricades.

V

OCEANO NOX

Dans le silence
Le bateau dort
Et bord sur bord
Il se balance.

Seul à l'avant
Un petit mousse
D'une voix douce
Siffle le vent.

Au couchant pâle
Et violet
Flotte un reflet
Dernier d'opale.

Sur les flots verts,
Par la soirée
Rose et moirée
Déjà couverts,

Sa lueur joue
Comme un baiser
Vient se poser
Sur une joue.

Puis, brusquement,
Il fuit, s'efface,
Et sur la face
Du firmament

Dans l'ombre claire
On ne voit plus
Que le reflux
Crépusculaire.

Les flots déteints
Ont sous la brise
La couleur grise
Des vieux étains.

Alors la veuve
Aux noirs cheveux
Se dit : « Je veux
Faire l'épreuve

De mes écrins
Dans cette glace. »
Et la Nuit place
Parmi ses crins,

Sous ses longs voiles
Aux plis dormants,
Les diamants
De ses étoiles.

VI

BRUME DE MIDI

Ton silence vaut tes chansons, belle Sirène.
Tout s'est tu. L'air et l'eau sont d'un azur profond.
Les regards aveuglés de lumière s'en vont
De l'or roux du soleil à l'or blanc de l'arène.

C'est midi, plein midi, l'heure lourde et sereine.
Dans l'immobilité la vie entière fond.
Mais voici que là-bas se font et se défont
Des écharpes de brume indolente qui traine.

Tu m'apparais alors sous ce brouillard vermeil
Bacchante ivre d'amour, de vin et de sommeil.
Cette brume est la fleur de ton corps exhalée,

Sueur qui s'évapore en effluves ardents,
Voluptueuse haleine embaumée et salée
Que hume le Soleil, la bouche sur tes dents.

VII

LE JARDIN VIVANT

La mer mystérieuse et pleine d'épouvantes
A des bosquets fleuris où chantent les couleurs.
La mer énorme, atroce et tragique, a des fleurs.
    Fleurs folles, fleurs vivantes !

Fleurs étranges, ayant pour humus le rocher !
Mais on voit se mouvoir leurs mains, s'ouvrir leur bouche,
Et celles-ci frémir quand une algue les touche,
    Et celles-là marcher.

Fleurs étranges ! La bête et la fleur sont confuses.
Quel grain ou quel baiser vous sème dans ce champ,
Campanulaires dont les fruits se détachant
    Deviennent des méduses ?

Voici la pennatule au vaporeux dessin,
Plume d'autruche ; la chenille holothurie ;
L'étoile aux cinq rayons de la rouge astérie ;
   Le marron de l'oursin.

L'anémone en un creux crispe ses tentacules,
Gros bouton de cactus en lui-même rentrant.
Par tas, c'est un parterre étalé comme un grand
   Tapis de renoncules.

La méandrine est un cerveau plein de festons ;
L'explanaire une coupe épanie ; et l'astrée
Aux fossettes sans nombre est une chair bistrée
   Cousue en capitons.

Le nullipore rose et que l'ombre safrane
S'agrippe aux éventails jaunes, lilas, moirés
Des gorgones, dont les rameaux sont ajourés
   Comme du filigrane.

A ces arbres de pierre accrochant leurs trésors,
Les escares en brins, les flustres, les patelles,
Entrelacent des fils, des tulles, des dentelles,
   Des pourpres et des ors.

Combien d'autres, œillets, jasmins, roses trémières,
Aux douceurs de velours, aux éclats de métal,
Qui font du noir abîme un ciel oriental
    Tout vibrant de lumières !

Et pour que rien ne manque à ce vivant jardin,
A travers ses massifs, ses gazons, ses corbeilles,
Voici des papillons et voici des abeilles
    Qui voltigent soudain ;

Voici, pour remplacer le soleil qu'il réclame,
Tous les phosphorescents éclairant ces couleurs,
Et leur vol radieux porte de fleurs en fleurs
    Comme un baiser de flamme.

VIII

PANTOMIME

O souvenir, souffleur de bulles !
Qui me dira pourquoi ce soir
La plage où je viens de m'asseoir
Me fait songer aux Funambules ?

Pourquoi, devant l'immensité
Mystérieuse et colossale,
Ne penser qu'à l'étroite salle
Où grouille le peuple excité ?

Seul en face de la nature,
J'ai beau faire, je ne vois rien
Que le vieux tréteau faubourien
Dont je sens l'odeur de friture.

Là-bas, au bout de l'horizon
Où le soleil vient de descendre,
Ce rocher ressemble à Cassandre,
Le dos voûté, le chef grison.

Ton murmure, ô mer qui déferles,
Me parait le froufrou coquin
De Colombine en casaquin
Secouant son tulle et ses perles.

Arlequin mobile et changeant
Va bondir hors de la coulisse.
Là, c'est ce nuage qui glisse,
Pailleté d'écailles d'argent.

Cassandre, courbé sur sa canne,
Les guette, tout noir dans la nuit,
Tandis que furtif et sans bruit
Près d'un portant Pierrot ricane.

Paf! un coup de pied dans le flanc!
Pouf! Cassandre en pleine poitrine
Reçoit un couffin de farine
Qui de tout noir le fait tout blanc.

Et soudain, crevant l'ombre brune,
S'épanouit au haut des cieux
Le grand rire silencieux
Du Pierrot qu'on nomme la Lune.

IX

AQUARIUM A MARÉE BASSE

Un puits dans la roche,
    Où luit
Le soleil. J'approche,
    Sans bruit.

Ridicule espace !
    Pourtant
L'être y vit, rapace,
    Luttant.

L'algue aux bras sans nombre,
    Verts, roux,
Y creuse en son ombre
    Des trous

Où mollusques, plantes,
  Poissons,
Font en pullulantes
  Moissons

Voir que ton abime
  Amer
Est grand dans l'infime,
  O mer.

Rien que dans ce vague
  Endroit,
Pour un pli de vague
  Etroit,

O mère féconde,
  Voici,
En une seconde
  Saisi,

Le net et fidèle
  Tableau
Vu sous la rondelle
  De l'eau.

Galets, de coquilles
 Couverts ;
Bigorneaux, équilles ;
 Des vers ;

Anémone aux belles
 Couleurs ;
Méduse en ombelles ;
 Des fleurs

Qui dressent leurs têtes
 Ainsi
Que des bêtes, bêtes
 Aussi.

Plus haut, des crevettes
 Nageant
Croisent leurs navettes
 D'argent.

Dans l'or de la flaque,
 Au fond,
Une sole en plaque
 Se fond.

Le long de la rampe,
Au bord,
Un congre qui rampe
Se tord.

Deux crabes voraces
Au mur
Heurtent leurs cuirasses
D'azur.

Devant leurs vacarmes,
Trois plets
Trouvent ces gens d'armes
Fort laids,

Et de la bagarre
Pendant
Qu'un bernard se gare,
Prudent,

Eux sous l'onde bleue
En feu
S'en vont à la queue
Leuleu.

X

BATAILLE DE NUIT

Nuit et tempête ! Au fond du gouffre en entonnoir
Le flot, le vent, le roc, des remous, des décombres !
Pêle-mêle incessant. Tout n'est que bruits et qu'ombres.
On ne distingue rien, tant le chaos est noir.

Attendez ! Regardez ! Ombres et bruits quelconques
Se précisent. Je vois un tas de combattants.
Les ombres sont des corps. Les bruits parlent. J'entends
Le tambour des galets, la trompette des conques.

Bataille ! Assaut ! Clameurs ! Roulements de sabots !
Voici toute une ligne au galop qui se cabre.
Dans les ténèbres luit l'éclair pâle du sabre
Qui s'éteint brusquement sous des chairs en lambeaux.

Voici des chars de guerre au fracas de ferrailles,
Montés par des archers tout debout sur leurs bancs.
Voici leurs larges faulx traînant en longs rubans
Des loques de peau blême et de vertes entrailles.

Voici des fantassins en épais bataillons,
Hérissés comme un mur de piques et d'épées,
Où les poitrails ouverts et les faces coupées
Au fil de l'acier froid s'effrangent en haillons.

Et jusqu'au jour ce fut ainsi. Nuit et tempête
Au fond tourbillonnant du gouffre en entonnoir !
Le flot, le vent, le roc, luttèrent dans le noir,
Aux sanglots du tambour, aux cris de la trompette.

Et lorsque vint l'aurore, après que le reflux
Eût tout emporté, bruits et spectres de l'orage,
La bataille acharnée avait si bien fait rage
Que, vaincus ou vainqueurs, aucun ne restait plus.

Mais leur mémoire encor couvrait la plage entière.
D'énormes blocs épars, où perchaient des corbeaux,
De tous ces guerriers morts figuraient les tombeaux,
Et leur champ de bataille était leur cimetière.

L'un près de l'autre, seuls, à l'écart, deux rochers
Fauves et reluisants arrondissaient leurs dômes.
Et c'étaient les deux rois de ces peuples fantômes,
Héros trop grands pour être ensevelis couchés,

Qu'on avait mis à part dans un lieu solitaire,
Enterrés tout debout, le front vers l'infini,
Et qui montrent toujours le globe d'or bruni
De leurs casques géants dressés hors de la terre.

XI

BRISE DE TERRE

Tous les gens de Paris sont partis.
Les flots et l'écume qui moutonne
Ne font plus en esclaves gentils
Le travail grotesque et monotone
De baigner ces hideux ouistitis.
La plage est à toi, brise d'automne.

Doucement, en sons clairs et lointains,
Tu flûtes tes chants et tes murmures
Qui se sont parfumés dans les thyms,
Dans les foins tondus, dans les ramures,
Et dans les frais sentiers clandestins
Fleuris de baisers, saignants de mûres.

Souffle bien sur les flots reposés
La tiède langueur de tes paresses.
Souffle-leur cette odeur de baisers
Où s'endort le cri de leurs détresses.
Souffle bien sur les flots apaisés,
Douce haleine en fleurs qui les caresses.

Souffle encor, douce haleine du vent
Qui viens des coteaux et de la plaine.
Souffle encor ; car la mer bien souvent
Contre nos laideurs de rage est pleine.
Toi qui sais l'accoiser en rêvant,
Souffle-lui ton âme, ô douce haleine.

Tu calmis, douce haleine des champs,
La vague en courroux qui déblatère ;
Tu lui fais oublier les méchants
Qui troublaient sa rive solitaire ;
Et la paix se conclut par tes chants,
La paix de la mer avec la terre.

XII

MACKEREL SKY

— *Mackerel sky !* — Plaît-il ? — *Mackerel sky !* — Et, digne,
Sans ajouter un mot, du doigt il me fit signe
De regarder au ciel s'il n'avait pas raison.
Un nuage nacré trainait à l'horizon,
Rose et lilas. Plus haut, voguant dans l'étendue,
Flottait une vapeur d'émeraude fondue,
Rayée en traits plus noirs de bandes de saphir.
C'est vrai ! l'expression anglaise est à ravir :
Mackerel sky ! Aussi, soit dit sans te déplaire,
Mais depuis lors, je pense à toi, grave insulaire,
Toutes les fois qu'au ciel je revois trait pour trait
Le maquereau géant que ton doigt m'y montrait.

XIII

LES PHARES

Le soleil dans les flots a noyé son tison
Comme un brûlot lancé d'abord en émissaire,
Et voici qu'à sa suite, au vent qui les lacère
Les voiles de la nuit s'enflent sur l'horizon.

Elle approche, grandit, s'embosse en trahison,
Cette flotte de l'ombre aux vaisseaux de corsaire.
Et pas à pas, sans bruit, le cercle se resserre
Contre la côte étreinte en ce mur de prison.

Mais les phares sont là pour chasser le pirate.
Ils éclairent soudain sa marche scélérate,
Accrochent leurs grappins lumineux à son bord,

Et leurs blancs pavillons aux pavillons funèbres
Ripostent, cependant que par chaque sabord
Le sol crachant ses feux mitraille les ténèbres.

XIV

NUAGERIES

Les nuages là-haut vont rêvant.
   Pas de vent !
Nul rayon n'y met son coloris.
On dirait une bande d'oiseaux
   Dans les eaux
Mirant leur gros ventre en velours gris.

Les nuages là-haut vont planant.
   Maintenant
La brise ébouriffe leur poitrail
Où les rais du soleil découvert
   Ont ouvert
Des blessures d'or et de corail.

Les nuages là-haut vont mourant :
      Car, plus grand,
Sous la dent féroce qui les mord
S'élargit le grand trou peu à peu
      Tout en feu
Par où fuit le sang et vient la mort.

Les nuages là-haut vont crevant,
      Et le vent
Les jette à la mer qui se ternit.
On dirait une bande d'oiseaux
      Dans les eaux
Plongeant pour mourir où fut leur nid.

XV

FLORÉAL

Des fleurs, des fleurs, des fleurs, des fleurs !
Des fleurs de toutes les couleurs,
Innombrables, grosses, petites,
A pleins regards, à pleines mains,
Œillets, roses, genêts, jasmins,
    Lilas et clématites ;

Des fleurs qui pleuvent par ruisseaux,
Des fleurs s'écroulant en monceaux
Qui font se crever les corbeilles ;
Des fleurs à parer tous les seins ;
Des fleurs à soûler les essaims
    De toutes les abeilles ;

Des fleurs, des fleurs, des fleurs, des fleurs !
Les plus fous y trouvent les leurs.
C'est leur rêve qui les colore.
Et tout cela dans un jardin
Qui s'est épanoui soudain
    Comme il venait d'éclore.

C'est un jardin tout grand ouvert,
Au gazon toujours frais et vert,
Le jardin de la mer fleurie,
Où l'aube en robe de satin
Fait sous ses pas chaque matin
    Naître cette féerie ;

Où vient à son tour chaque soir
En robe de velours s'asseoir
Le couchant semeur de prestiges ;
Jardin au sol miraculeux
Où poussent des dahlias bleus
    Et des roses sans tiges ;

Jardin aux trésors indulgents,
Où les songeurs, les pauvres gens,
Le marin triste et solitaire,

Tous les gueux, tous les malchanceux,
Font des bouquets plus beaux que ceux
   Qu'on cueille sur la terre ;

Jardin de l'aube et du couchant
Dont jamais sous l'hiver méchant
Ne meurt la couronne fanée ;
Jardin du printemps idéal
Où l'on voit deux fois Floréal
   Dans la même journée !

XVI

LA FÊTE DU FEU

C'est la fête du feu. Sur l'eau même il est dieu.
Aucun souffle éventeur n'en rafraîchit l'effluve.
Le soleil le vomit à flots, comme un Vésuve
Qui de ses laves d'or couvre tout peu à peu.

Le ciel semble du soufre ardent qui flambe bleu.
La mer, plate, immobile, où pèse un air d'étuve,
Est de l'argent fondu fumant dans une cuve.
L'eau ne paraît plus d'eau. C'est la fête du feu.

C'est la fête du feu jusque dans les ténèbres.
La nuit le roule en vain sous ses voiles funèbres ;
Les flots, aidés du vent, tâchent de le noyer ;

Invincible, le dieu ne veut pas rendre l'âme ;
Il lutte ; et, devenus eux-mêmes son foyer,
Les flots phosphorescents sont écaillés de flamme.

XVII

EN SEPTEMBRE

Ciel roux. Ciel de septembre.
De la pourpre et de l'ambre
Fondus en ton brouillé.
Draperie ondulante
Où le soleil se plante
Comme un vieux clou rouillé.

Flots teintés d'améthyste.
Écumes en batiste
Aux légers falbalas.
Horizon de nuées
Vaguement remuées
En vaporeux lilas.

Falaises jaunissantes.
Des mûres dans les sentes.
Du chaume dans les champs.
Aux flaques des ornières,
En lueurs prisonnières
Le cuivre des couchants.

Aucun cri dans l'espace.
Nulle barque qui passe.
Pas d'oiseaux aux buissons
Ni de gens sur l'éteule.
Et la couleur est seule
A chanter ses chansons.

Apaisement. Silence.
La brise ne balance
Que le bruit endormant
De la mer qui chantonne.
Ciel de miel. Ciel d'automne.
Silence. Apaisement.

XVIII

VENTÔSE

Hop ! hop ! En avant ! Au large !
En tumultueux galops,
Hop ! voici venir la charge,
Hop ! hop ! la charge des flots.

Où vont-ils ? Hop ! hop ! Qu'importe !
Ils vont, la crinière au vent.
Une rage les emporte.
Au large ! Hop ! En avant !

Ils vont, sans ordre, par troupes
Qui pêle-mêlent leurs bonds.
Les poitrails, heurtant les croupes,
Les saillissent, furibonds.

Ils vont, les naseaux en fièvres,
Cabrés, ronflant, hennissant.
Hop ! ils vont, l'écume aux lèvres,
Hop ! hop ! l'œil phosphorescent.

Ils vont. Hop ! Charge macabre
Qui charge sans savoir où.
Hop ! hop ! Tout un rang se cabre,
Puis s'engloutit dans un trou.

Hop ! hop ! La mer est jonchée
De cadavres pantelants
Où l'ardente chevauchée
Précipite ses élans.

Ils vont. Hop ! Les lames vertes
S'éparpillant par lambeaux
Ont l'air d'entrailles ouvertes
Que dévident leurs sabots.

Hop ! Ils sont fous, ils sont ivres.
Encor ! Hop ! Des pieds, des dents !
Hop ! hop ! En avant ! Les cuivres
Pousssent des appels stridents.

Hop ! hop ! En avant ! Au large !
Ils sont ivres, ils sont fous.
Hop ! Entendez-vous ? La charge
Sonne, sonne. Entendez-vous ?

Hop ! hop ! Leur course s'effare.
Hop ! Ils vont à corps perdu.
Hop ! hop ! Là-haut la fanfare
Sonne. Avez-vous entendu ?

Hop ! Ce qui gonfle leur rage,
C'est la charge qu'en passant
Les sorcières de l'orage
Sonnent d'un accent perçant.

Hop ! hop ! Les vieilles farouches
Avec des gestes hideux
En sonnant à pleines bouches
Gambadent au-dessus d'eux.

On voit flotter par les nues
Les fouets de leurs cheveux blancs,
Et de leurs mamelles nues
Les bouts claquent sur leurs flancs.

Hop! hop! hop! Quand l'une éclate
De rire, c'est un éclair.
Hop! C'est leur sexe écarlate
Qui, béant, saigne dans l'air.

Hop! hop! Ce rouge s'éclipse.
Tout s'éteint. Le gouffre noir
En buccin d'Apocalypse
Élargit son entonnoir.

Il en pleut des cris funèbres,
Des plaintes, des hurlements,
Du tonnerre et des ténèbres
Au chaos des éléments ;

Et dans cette ombre inconnue
On ne voit plus que les flots
Dont la horde continue
Ses effroyables galops ;

Et dans la clameur compacte
Au fracas tonitruant
Que fait cette cataracte
Sur soi-même se ruant,

On entend les vieilles gueuses
Voler comme des oiseaux
En sarabandes fougueuses
Où cliquètent tous leurs os,

Cependant que la tempête,
Pour animer ces démons,
Leur souffle dans sa trompette
Tout le vent de ses poumons.

XIX

LES CORBEAUX

Le mont, la plaine, ont leurs corbeaux.
Mais la mer, ce champ de bataille
Dont tous les flots sont des tombeaux,
La mer, les voulant à sa taille,
Plus noirs, plus lugubres, plus beaux,
Plus grands, la mer a ses corbeaux.

Arrière-garde de l'orage,
Ils arrivent dans le ciel gris
En tournoyant, quand un naufrage,
Couvrant la plage de débris,
Leur a préparé de l'ouvrage
A ces croque-morts de l'orage.

Pesant, majestueux, le vol
De leurs larges ailes funèbres,
Tombe en spirale au ras du sol
Comme une trombe de ténèbres ;
Et là, le chef droit sur le col.
Ils arrêtent d'un coup leur vol.

A les voir ainsi par la grève,
Debout, l'œil fixé sur les eaux,
Ils donnent l'illusion brève
Que ce n'est plus là des oiseaux,
Mais des philosophes qu'un rêve
Immobilise sur la grève.

D'un pas grave et sacerdotal,
D'une allure de patriarche,
Sans secousse ni saut brutal,
Bientôt ils se mettent en marche.
On dirait que d'un piédestal
Chacun descend, sacerdotal.

. . .

Ils vont, très-lents, et quand des choses
Accrochent leurs yeux en passant,
Pour les voir ils prennent des poses

Pédantesques, puis, croassant,
En savants hérissés de gloses
Ils se disent entre eux des choses.

Ils ont le verbe caverneux.
Tels des Sibylles et des Mages
Dénouant les mystiques nœuds
D'un problème et rendant hommages
A l'oracle qui parle en eux
Comme en un temple caverneux.

Mais dès qu'ils voient une charogne,
Bonsoir tenue et gravité !
Leur marche danse. Leur voix grogne.
L'équilibre désorbité,
L'aile battante en bras d'ivrogne,
Ils s'affalent sur la charogne.

C'est leur paradis là-dedans.
Le clou de leur bec droit lacère
Ces haillons visqueux et pendants
Qu'ils éparpillent de la serre,
Avec des cris brefs et stridents,
Ceux-ci dessus, ceux-là dedans.

De pourriture ils font ribote.
Parmi la sanie et les vers
Ça rit, ça braille, ça jabote.
Dans les jus épais, noirs et verts,
Ça patauge jusqu'à mi-botte.
Les croque-morts sont en ribote.

Car ils la boivent, les corbeaux,
Cette chair flasque et corrompue.
Ils l'ingurgitent par lambeaux.
Plus c'est liquide et plus ça pue,
Mieux ils en gonflent leurs jabots.
La carne est le vin des corbeaux.

Las de manger et las de boire,
S'ils croassent alors, leur voix
Chante en tons creux de bassinoire,
Sinistre et comique à la fois,
Un *Requiem* blasphématoire,
Requiem sur un air à boire.

Enfin, repus, comme s'en vont
Des goinfres à la panse pleine
Qui se sont empiffrés à fond

Et qui sont gavés, hors d'haleine,
Si lourds qu'ils en ont l'air profond,
Enfin, solennels, ils s'en vont ;

Et ces vivantes sépultures
Prenant par le ciel leurs ébats
Y semblent les noires montures
De sorciers qui dans les sabbats
Vont avec d'infâmes postures
Forniquer sur des sépultures.

XX

EFFET DE NEIGE

Dans la mer au bleu plombé
Le ciel blafard est tombé.
Aucun vent ! Même une plume
Ne se tiendrait pas en l'air.
Et pas un seul rayon clair
Sur tout ce gris ne s'allume.

Soudain plane en voltigeant
Comme un papillon d'argent,
L'envergure grande ouverte.
Cet argent sur ces étains
Réveille les tons éteints
De l'eau qui redevient verte.

Après lui d'autres, lents, lourds,
Au corset de blanc velours,
Aux ailes d'hermine blanche,
Un, cent, mille, millions,
Tourbillon de papillons,
Papillons en avalanche.

C'est la neige doucement
Qui croule du firmament.
Elle y dormait paresseuse
Sur le nid qu'elle couvait,
Et sans bruit son fin duvet
Descend dans l'onde mousseuse.

Les flocons mêlant leurs nœuds
Font le ciel jaune et laineux ;
Mais la mer est purpurine
Et scintille par-dessous
Comme de l'éclat dissous
Jailli d'une aube marine.

Ténébreux est le plafond ;
Mais en bas l'ombre se fond
Aux feux de cette aube étrange

D'où la lumière à présent
Monte et fuse en s'irisant
Sur ce coton qui s'effrange.

Quel jour bizarre ! On dirait
Qu'on est au pays secret
Inconnu même des rennes,
Où l'effluve sans chaleur
Colore seul la pâleur
Des nuits hyperboréennes.

Dans l'air obscur et glacé
Voici qu'un vol a passé,
Oiseaux du nord, lummes, grèbes,
Dont les bras battant les flancs
Sèment tous ces œillets blancs
Cueillis dans les blancs Érèbes.

Oui, c'est le pôle ! On s'y croit.
L'enfer sombre, l'enfer froid,
Aux aurores magnétiques,
L'enfer blême où l'on attend
Les banquises cahotant
Leurs défilés fantastiques ;

Car sous ce voile épaissi
Il semble qu'on voie aussi,
Comme aux horizons polaires,
Voguer sur l'écran des cieux
Les glaçons silencieux
En flottes crépusculaires.

XXI

MOUETTES, GRIS ET GOËLANDS

Mouettes, gris et goëlands
Mêlent leurs cris et leurs élans.

Leur vol fou qui passe et repasse
Tend comme un filet dans l'espace.

Mouettes, goëlands et gris
Mêlent leurs élans et leurs cris.

Parmi les mailles embrouillées
Grincent des navettes rouillées.

Mouettes, gris et goëlands
Mêlent leurs cris et leurs élans.

Ces navettes à l'acier mince,
C'est leur voix aiguë et qui grince.

Mouettes, goëlands et gris
Mêlent leurs élans et leurs cris.

On voit luire en l'air dans les mailles
Des ors, des nacres, des écailles.

Mouettes, gris et goëlands
Mêlent leurs cris et leurs élans.

C'est un poisson que l'un attrape
Et qu'au passage un autre happe.

Mouettes, goëlands et gris
Mêlent leurs élans et leurs cris.

Holà ! ho ! Du cœur à l'ouvrage !
La mer grossit. Proche est l'orage.

Mouettes, gris et goëlands
Doublent leurs cris et leurs élans.

Mais soudain, clamant la tempête,
Le pétrel noir au loin trompette.

Mouettes, goëlands et gris
Brisent leurs élans et leurs cris.

Vite, vers leurs grottes fidèles
Ils retournent à tire-d'ailes.

Mouettes, gris et goëlands
Rentrent leurs cris et leurs élans.

Lui, sa clameur stridente augmente.
Quand vient ce roi de la tourmente,

Mouettes, goëlands et gris
N'ont plus d'élans, n'ont plus de cris.

XXII

LE PÉTREL

Sur les landes désolées,
Avant-coureurs d'ouragans
Passent en brusques volées
Des souffles extravagants
Où les feuilles envolées
Dansent des farandolées
En caprices zigzaguants.

D'étain gris la mer se broche.
Au fond rentre le poisson.
L'oiseau retourne à sa roche.
Une lueur de glaçon
Aux crêtes des flots s'accroche.
Et partout de proche en proche
Court un étrange frisson.

Tout à coup, un grand silence !
Plus rien au vert promenoir.
Dans l'azur un fer de lance
Creuse un sinistre entonnoir.
Le pétrel alors s'élance,
Crie, un moment se balance,
Puis cingle droit au trou noir.

Seul dans l'étendue immense
Il aime à humer ce vent.
Il en a l'accoutumance.
Il l'appelle en le bravant.
Et la bataille commence
Entre l'orage en démence
Et lui qui vole au devant.

L'orage comme une boule
Le roule sans le saisir.
Dans ses doigts il glisse, il coule,
Il passe, il joue à loisir ;
Et de la céleste houle,
D'espace, d'air, il se soûle,
Le bec claquant de plaisir.

O pétrel, loin du rivage
Où nous gisons dans la paix,
Loin de ce lâche esclavage,
Loin de ce sommeil épais,
Nous que le repos ravage,
Emporte-nous donc, sauvage
Qui d'ouragans te repais.

A ton âme fraternelle
Vont nos âmes de démons.
Nous nous sentons vivre en elle.
O farouche, nous t'aimons.
Il faut à nos cœurs ton aile,
L'éclair à notre prunelle,
Et l'orage à nos poumons.

XXIII

UNE VAGUE

Le temps de compter jusqu'à vingt,
Et voici, net sur ma prunelle,
Gravé profondément en elle,
Ce que d'une vague il advint.

Le flux remontait vers la terre.
Il ventait serré du suroit.
J'observais, immobile et droit,
Du haut d'un rocher solitaire.

Et tous ses aspects épiés,
Rien là ne me distrayant d'elle,
J'en eus l'impression fidèle,
De l'horizon jusqu'à mes pieds.

D'abord, un frisson sur la plaine
De satin vert aux reflets bleus.
Puis un grand pli, large, onduleux,
Que par-dessous gonfle une haleine.

Ensuite, une barre d'acier
Rectiligne et raide d'arête.
Après, un mont à blanche crête
Comme une Alpe avec son glacier.

Soudain, quand de terre elle approche,
C'est un monstre au gosier béant,
Dont les mâchoires de géant
Vont broyer d'un seul coup ma roche.

Non, il s'aplatit, étalé,
Tel un linge mouillé qu'on plaque,
Et la moitié retombe en flaque
Avec un gargouillis râlé.

Mais l'autre, élastique, s'enlève
Comme sur sa queue un serpent.
Tout à coup, long, aigu, coupant,
Rigide, noir, surgit un glaive.

C'est un panache ! Et brin à brin
Le vent prend sa plume envolée
Qu'il change en averse salée
Dans l'air embrumé de poudrain.

Hallucination ? Mensonge ?
Non pas. Objets réels et clairs,
Images passant en éclairs
Dans la rapidité d'un songe.

Ainsi naquit, vécut, devint,
Et mourut, strictement notée,
Cette vague au corps de Protée,
Le temps de compter jusqu'à vingt.

XXIV

LE DERNIER OCÉAN

Pour immense qu'il soit, l'Océan diminue.
Car la force par quoi notre globe a durci,
Lente et sûre, le fait se contracter aussi,
Pendant qu'il s'évapore en brumes vers la nue.

A toujours s'exhaler son âme s'exténue,
Et son corps se condense à la longue épaissi.
Jadis ce vert manteau couvrait tout, et voici
Que bientôt l'on verra la Terre à moitié nue.

Puis viendra l'heure où vieille, édentée et sans crins,
Elle n'en aura plus qu'un haillon sur les reins,
Un lambeau d'Océan, lourd, gras, frangé de crasse ;

Et dans le sale ourlet de ce pagne visqueux
Grouilleront les derniers survivants de ma race
Comme des poux collés à la loque d'un gueux.

MATELOTES

I

LARGUE

Cric ! crac ! sabot ! Cuiller à pot !... Et je commence.
Je m'en vas vous filer les nœuds de ma romance
En parler mathurin comme un gabier luron
Qui s'est suivé le bec à même un boujaron.
Attention, pourtant ! Je ne me pose en maître,
Ni ne veux jusqu'à fond de cale vous en mettre.
Je ne suis pas de ces vieux frères premier brin
Qui devant qu'être nés parlaient jà mathurin,
Au ventre de leur mère apprenant ce langage,
Roulant à son roulis, tanguant à son tangage.
Et je n'ai pas non plus mon brevet paraphé,
Ni les larges fauberts en garçon de café,
Ces nageoires de la marine militaire.
Je ne suis qu'un terrien, un terrien de la terre,
Et n'eus pas même, fils d'ancêtres paysans,
L'honneur d'être embarqué comme mousse à dix ans.

Si j'avais fait au moins un congé sur la flotte !
Mais non ! — Comment sais-tu la langue matelote
Alors, et de quel droit prends-tu ces airs nouveaux,
N'ayant jamais foulé que le plancher des veaux?
— Pardon, j'ai mis le pied sur le plancher des vagues.
Et non comme ceux-là, piteux, aux regards vagues,
Qu'on voit déboutonner leur col dans un hoquet,
Réclamer d'une voix mourante le baquet,
Et tomber dans tes bras, ô *steward* qui déplores
Ton frac fleuri soudain d'ordres multicolores.
Non, moi, j'ai navigué pour de vrai, pour de bon,
A la voile, mes gas, et non pas au charbon,
A bord de caboteurs, de pêcheurs, en novice
Qui mange à la gamelle et qui fait son service.
J'ai connu les fayots, la manœuvre, le grain,
Tout ce qui donne un cœur solide, un pied marin.
J'ai connu les ohisse ! en halant la poulie,
Et le flot en douceur et le flot en folie,
Et les contes contés à la poulaine, en tas
Autour de quelque ancien, négrier, pelletas,
N'importe, mais ayant cinquante ans de marée.
J'ai connu les paquets, la barre débarrée,
Et ce sinistre cri : Pare ! un homme à la mer !
J'ai connu naviguer, son doux et son amer,
La caresse et les coups des brises dans les toiles,
Et les grands quarts de nuit tout seul sous les étoiles.

Puis c'était le retour, le débardage à quai.
Comme les frères, j'ai sué, sacré, chiqué,
En portant des ballots et des cages à poules,
Le dos sale et meurtri, les mains pleines d'ampoules,
Et la bouche fusant de longs jets d'un jus noir.
Puis les bamboches chez l'hôtesse : *A l'Entonnoir*,
Au Repos des gabiers, *Au Calfat en goguette*.
C'est parfois un caveau, parfois une guinguette ;
Mais sous terre ou dessus, on y boit bougrement,
Et j'y fus à la côte avec tout mon gréement
Plus souvent qu'à mon tour, raide comme un cadavre.
On y chantait aussi. Des musicos du Havre
A ceux de Saint-Nazaire en passant par Bordeaux,
Avant l'heure où l'on sombre affalé sur le dos,
Vous ne vous doutez pas combien de matelotes
Je gueulais, en guinchant, les poings dans mes culottes.
J'en composai le texte et la musique aussi,
Sans les écrire ; et, sauf huit ou dix que voici,
Tout ça s'est égrené de ma mémoire. Certe,
Ça ne valait pas mieux, et ce n'est pas grand'perte.
Vers de bric et de broc ! De broc surtout. Pourtant,
J'en ai fait de meilleurs dont je suis moins content.
Car ces couplets boiteux et brochés sur le pouce
A la six-quatre-deux, va comme je te pousse,
Mal rimés, bien rhythmés, n'étaient pas sans douceurs
Pour moi qui les vivais et pour les connaisseurs.

Fins connaisseurs, allez ! C'étaient mes camarades.
Non pas vous, écrivains ; mais les pochards des rades,
Gens du métier, experts en ces musiques-là,
Dont leur rude gosier m'avait donné le *la*.
Et c'est au souvenir des heures en allées
Avec eux, que je tiens à ces rimes salées ;
C'est en l'honneur des vieux compagnons de hasard
Que je recueille ces cantilènes sans art.
Car ils les aimaient, eux, en savouraient le charme,
Y découvraient matière ou de rire ou de larme,
En chœur et de plein cœur reprenaient au refrain,
Trouvaient qu'elles étaient *grand'largue* et *vrai marin*,
Que ma mélancolie ou ma gaieté d'ivrogne
Avait du poil... (où çà ? Bien sûr, pas à la trogne),
Et qu'en somme, sans être un loup de mer, c'est clair,
J'en avais la chanson, si je n'en ai pas l'air.

II

MON PREMIER VOYAGE

AU BON SOUVENIR
DE MATHIEU LEMARDEC CAPITAINE
ET DE PIERRE ET QUENTIN MATELOTS
A BORD DU CABOTEUR
la Louise.

Celui qui fit cette chanson,
    Novice au cabotage,
Toujours le premier au bidon
    Autant comme à l'ouvrage,
      Un bon garçon !

C'est à Nantes, dessur le quai,
    Un jour de grand'misère,
Que le terrien s'est embarqué,
    Rincé comme un cul d'verre,
      Mais quand mêm' gai.

Sombré dans un ruisseau à sec,
    Le ventre à fond de cale,
N'avait pour se calfater l' bec
    Pas même un peu d'eau sale,
        Et rien avec.

Par là passant deux matelots
    Virent le pauvre bougre.
Lui dis'nt : — Viens lester tes boyaux
    A bord de notre lougre.
        Va-t-à Bordeaux.

Monta sur le plancher sans toit,
    S'y fit la soute pleine,
Lécha la gamelle et ses doigts,
    Puis dit au capitaine :
        — Voulez-vous d'moi ?

Savait quoi fair' de ses pal'rons,
    Mais les avait solides.
Soulève un' vergue tout du long,
    Et dit : — Quand j' suis pas vide,
        Je suis d'aplomb.

— Va bien. On t'emplira, du gas,
 Répond le capitaine.
J'y fournirai, t'y fourniras,
 Moi l'huile à ta lanterne,
  Toi l'huil' de bras.

Et de Nantes jusqu'à Bordeaux
 Trime à la matelote,
N'ayant qu'un tricot sur le dos,
 Et pour fond de culotte
  Le drap d' sa peau.

Mais pas ne se fait de chagrin.
 Toujours chante à voix haute.
Apprend le parler mathurin
 De ses frères-la-côte,
  Fil premier brin.

Si bien que lorsqu'il mit le pied
 Chez ces dames gentilles,
A voir ses yeux en écubiers
 La plus joli' des filles
  Le crut gabier.

Vivent les deux bons cachalots
 Qui furent pitoyables,
Aussi le patron du bateau
 Qui fit du pauvre diable
 Un matelot !

Jamais, si longtemps qu'il vivra,
 Si ponton qu'il devienne,
Jamais ceux qui l'ont pris sous l'bras,
 Jamais le capitaine
 Il n'oubliera,

Celui qui fit cette chanson,
 Novice au cabotage,
Toujours le premier au bidon
 Autant comme à l'ouvrage,
 Un bon garçon !

III

LE JOLI NAVIRE

Chantons des quilles
Et dansons du gosier !
Faut la gargousse à l'obusier.
Y a de belles filles
Dans la vill' de Bordeaux
A mettre sur le dos.

C'est la blonde et la brune
Et la châtaigne aussi,
Et celle en clair de lune
Qui a le poil roussi.

Chantons des quilles, *etc*...

Quand le marin arrive,
Il trouve en dérivant
Leur proue éveillative,
Les deux bossoirs au vent.

  Chantons des quilles, *etc...*

Leur carène gentille,
Qui navigue au plus près,
Montre par l'écoutille
La soute aux vivres frais.

  Chantons des quilles, *etc...*

Leur nase est une guibre,
Leur œil un écubier ;
L'arrière est de calibre,
La pompe est sans pompier.

  Chantons des quilles, *etc...*

C'est un joli navire
Qui vire à l'abandon,

Mais jamais ne chavire
Que sur fond d'édredon.

  Chantons des quilles, *etc*...

Il a mât de misaine,
Artimon et beaupré,
Des voil's à la douzaine
Pour voguer à son gré.

  Chantons des quilles, *etc*...

Mais pour qu'il se dispose
A nager grand format,
Il lui manque une chose,
Il lui manque un grand mât.

  Chantons des quilles, *etc*...

Plante-lui dans la coque
Le grand mât qu'on lui plaint,
Alors il se déroque
Et file au large en plein.

Chantons des quilles, *etc...*

Et quand il appareille
Dans la rade des lits,
La secousse est pareille
Au rouler du roulis.

Chantons des quilles
Et dansons du gosier !
Faut la gargousse à l'obusier.
Y a de belles filles
Dans la vill' de Bordeaux
A mettre sur le dos.

IV

C'EST LA FILLE DU FORBAN

C'est la fille du forban,
  On dit qu'elle est si belle !
Sont venus trois rois puissants,
Des empereurs tout autant,
Et deux sultans en turban
  Pour coucher avec elle.

Le forban a répondu :
  On dit qu'elle est si belle !
Rois, empereurs, n'en faut plus ;
Leurs gendarmes m'ont pendu.
Quant aux sultans, trop barbus
  Pour coucher avec elle !

Sont venus trois matelots.
   On dit qu'elle est si belle !
Tous les trois vaillants et beaux,
Un de Nante, un de Bordeaux,
L'autre né chez les oiseaux,
   Pour coucher avec elle.

Le premier parla d'abord :
   On dit qu'elle est si belle !
Nul pilote n'est plus fort.
Jamais je ne manque un port.
Je resterai sur ton bord
   Pour coucher avec elle.

Le forban a répondu :
   On dit qu'elle est si belle !
Un pilote est superflu.
A terre je ne vais plus.
Retourne d'où t'es venu
   Pour coucher avec elle.

Après parla le second :
   On dit qu'elle est si belle !
J'ai tout seul pris un trois-ponts

Qu'avait quatre-vingt canons.
Le veux-tu ? Je t'en fais don
　　Pour coucher avec elle.

Le forban a répondu :
　　On dit qu'elle est si belle !
Ton trois-ponts et toi dessus,
Je vous prendrai sans reçu.
Retourne d'où t'es venu
　　Pour coucher avec elle.

Le dernier parle à son tour :
　　On dit qu'elle est si belle !
Quand je chante mes amours
Tout chacun fait cercle autour,
Et j'enchanterais des sourds
　　Pour coucher avec elle.

Le forban fit aussitôt :
　　On dit qu'elle est si belle !
Un chanteur toujours dispos
Fout du cœur aux matelots.
V'là le gaillard qu'il me faut
　　Pour coucher avec elle.

Et de la belle Louison,
 On dit qu'elle est si belle !
Celui qui fit la chanson
Eut l'étrenne avec raison.
A fauvette il faut pinson
 Pour coucher avec elle.

V

LA MÈRE BARBE-EN-JONC

Largue l'écoute ! Bitte et bosse !
Largue l'écoute ! Gigue et jon !
Largue l'écoute ! on s'y fout des bosses,
    Chez la mère Barbe-en-jonc.

    C'est là qu'y a des fins drilles,
    C'est là qu'y a des lurons.
    L'hôtesse est si bonne fille,
    Qu'elle en est presque garçon.

Largue l'écoute ! Bitte et bosse ! *etc...*

    Elle a la peau de la face
    En soie ainsi qu'un cochon.

Ça s'hériss' quand on l'embrasse.
On se râpe à son menton.

Largue l'écoute ! Bitte et bosse ! *etc*...

Mais, malgré sa barbe rousse,
Il lui faut du frais, du bon.
Ce n'est qu'au filin des mousses
Qu'elle ouvre son entrepont.

Largue l'écoute ! Bitte et bosse ! *etc*...

Il est noir comme de l'encre,
Le goulot de son bidon,
Et ceux qu'ils y jettent l'ancre
N'en trouvent jamais le fond.

Largue l'écoute ! Bitte et bosse ! *etc*...

Mais elle a vin, cidre et bière,
Et du rhum et du jambon,
Et ceux qui font son affaire
Ont toujours le ventre rond.

Largue l'écoute ! Bitte et bosse ! *etc*...

C'était un simple novice,
Celui qui fit la chanson.
Il avait eu l'artifice
De se raser le menton.

Largue l'écoute ! Bitte et bosse ! *etc*...

Si bien que la bonne hôtesse,
Le prenant pour moussaillon,
Avec mille politesses
Amena son pavillon.

Largue l'écoute ! Bitte et bosse ! *etc*...

Elle dit : — Je te régale,
Et aussi tes compagnons.
Je vas vous lester la cale,
Mais gardez votre pognon.

Largue l'écoute ! Bitte et bosse ! *etc*...

C'était bordée et bamboche
Pour tous nos joyeux fistons,
Et sans haler sur nos poches.
Fallait-il répondre non ?

Largue l'écoute ! Bitte et bosse ! *etc...*

Il répond oui d'une haleine,
Celui qui fit la chanson.
La cambuse était si pleine !
Si soif avaient nos garçons !

Largue l'écoute ! Bitte et bosse ! *etc...*

Et quand il reprend sa route,
Rebouclant son pantalon,
Tous ont du vent dans l'écoute,
Que leur voile en fait ballon.

Largue l'écoute ! Bitte et bosse !
Largue l'écoute ! Gigue et jon !
Largue l'écoute ! On s'y fout des bosses,
Chez la mère Barbe-en-jonc.

VI

LE MAUVAIS HÔTE

— Du pain, du beurr', du cidre !
　Donnez-m'en sans payer.
Car j'ai les boyaux et la poche vides
　Qu'on les entend crier.

— Que le ciel te conduise
　A plus riche hôtelier.
Moi je ne vends pas de ma marchandise
　Sans bourse délier.

— Malgré votre avarice,
　Ayez un peu pitié.
J'ai fait tant de pas sur la route grise
　Que j'ai du sang aux pieds.

— Va-t'en jusqu'à la ville,
Tu t'y feras soigner.
Moi, mon cabaret n'est pas un hospice
Pour les gueux sans souliers.

— Bonhomme à tête grise,
Le sort peut me venger.
Peut-être avez-vous quelque part un fils
Qui n'a rien à manger.

— Mon fils est à sa guise
A bord d'un morutier.
Depuis quarante ans qu'il fait son service,
Il est au moins gabier.

— Moi j'avais bien maîtrise
De maître timonier.
Mais j'ai fait naufrage et me repayse,
Sans maille et sans denier.

— Va donc dans ta famille
T'y fair' ravitailler.
L'argent qui te manque a passé aux filles.
Je n'en suis pas banquier.

— C'est ici mon église.
J'en r'connais le clocher.
Depuis quarante ans sur la mer jolie
Je ne l'ai oublié.

— Quarante ans, que tu dises !
Quarante ans sur la mé !
Quel est donc ton nom ? N'es-tu pas mon fils ?
Dis-le sans plus tarder.

— Je n'en ai plus envie,
Je ne peux plus parler.
Ah ! ma pauvre mèr', s'elle était en vie
Ne l'eût pas demandé...

Et cœur et ventre vides,
Mourut sur le pavé,
Sans manger le pain ni boire le cidre
De son père veuvier.

VII

UN COUP D'RIQUIQUI

Il était deux matelots, mes gas,
Qui s'en allaient sur les flots, mes gas,
En disant : Nous reviendrons, mes gas,
    Emplissez nos boujarons
        Tout ronds,
      Nous boirons.
Et pas un n'est revenu, mes gas !
Parti, ni vu ni connu, mes gas !
    L'hôtesse, un coup d' riquiqui !
    Ça rend les marins poilus
    D' boire à la santé d' ceux qui
        N' boit plus.

Il était deux matelots, mes gas,
Qui sont tombés dans les flots, mes gas,
En disant : Nous chavirons, mes gas,
    Plus jamais nos boujarons
        Tout ronds
      Ne boirons.
Et depuis qu'ils ont coulé, mes gas,
Pas un ne s'est plus soûlé, mes gas.
    L'hôtesse, un coup d' riquiqui !
    Ça rend les marins poilus
    D' boire à la santé d' ceux qui
      N' boit plus.

Il était deux matelots, mes gas,
Dont l'âme errait sur les flots, mes gas,
En disant : Nous qui sombrons, mes gas,
    C'est surtout nos boujarons
        Tout ronds
      Que pleurons.
Et c'est la raison pourquoi, mes gas,
Buvez, ceux qu'ils ont de quoi, mes gas.
    L'hôtesse, un coup d' riquiqui !
    Ça rend les marins poilus
    D' boire à la santé d' ceux qui
      N' boit plus.

VIII

TERRIENNE

Chantons aussi la vieille terre !
Elle a du bon.
De son ventre noir en charbon
Sort le cidre qui désaltère.
Elle a du bon.
Chantons la terre !

Chantons aussi la vieille terre,
La mère au pain,
La mère au chêne et au sapin.
Elle a ses voix et son mystère,
La mère au pain.
Chantons la terre !

Chantons aussi la vieille terre !
C'est la maison
Où las du lointain horizon
On repose en propriétaire.
C'est la maison.
Chantons la terre !

Chantons aussi la vieille terre !
Nos chers petits
Auprès de l'âtre y sont blottis.
Quand ils pleurent, on feu fait taire
Nos chers petits.
Chantons la terre !

Chantons aussi la vieille terre !
Elle a des fleurs.
Elle a de gais oiseaux siffleurs
Qui font joyeux le plus austère.
Elle a des fleurs.
Chantons la terre !

Chantons aussi la vieille terre !
Elle a Margot
Qu'on baise à tire-larigot

Sans passer par-devant notaire.
 Elle a Margot.
  Chantons la terre !

Chantons aussi la vieille terre !
 C'est le grand lit
Où, mort, on vous ensevelit.
Qui dort là n'est pas solitaire.
 C'est le grand lit.
  Chantons la terre !

IX

AMÈNE

Amen, qu'on dit plutôt à la paroisse. Amène,
Qu'on dit sur l'eau. Deux mots, comme un œuf près d'un œuf,
Pareils. Les Grecs disaient : « Mets sur ta langue un bœuf ! »
Bref, en oraison grecque, ou marine, ou romaine :

Tais-toi ! Suffit d'un tour pour voir tout un domaine.
J'ai promis huit ou dix chansons. Bon ! Va pour neuf !
Même, sept ! Aussi bien, sans leurs airs de pont-neuf,
Ces pauvres vers boiteux, ça n'a plus forme humaine.

Pour moi dans leurs refrains un écho me répond ;
Non pour vous autres. Donc, motus dans l'entrepont !
Que si vous vous fâchez de leurs voix polissonnes,

Pardon, excuse ; mais, qu'est-ce que vous voulez ?
Les mots, mes bonnes gens, c'est comme les personnes,
Et ceux qui vont sur mer en reviennent salés.

LES GAS

I

PARTANCE

Belle, faisons ensemble un dernier repas
A la santé de ceux qui sont en partance.
Continuez gaiment sans eux l'existence.
Tous les gas en allés ne reviendront pas.

Belle, buvons un coup et dansons un pas.
Surtout n'engendrons point de mélancolie.
Après le mauvais temps souffle l'embellie.
Tous les gas en allés ne périront pas.

Belle, encore un baiser ! Souvent le trépas
Prend les terriens assis au seuil de leur porte.
Est-ce vous que d'abord il faut qu'il emporte,
Ou les gas en allés ? Belle, on ne sait pas.

II

EN RAMANT

Sur la mer qui brame
Le bateau partit,
Tout seul, tout petit,
Sans voile, à la rame.

Si nous chavirons,
Plus ne reviendrons.
Sur les avirons
 Tirons !

La mer est méchante ;
Mais l'homme joyeux
N'a pas froid aux yeux.
Elle gueule. Il chante.

Si nous chavirons,
Nous le sentirons.
Sur les avirons
    Tirons !

Sur la mer qui rage
Le bateau dansa.
Nous connaissons ça,
Et bren pour l'orage !

Point ne chavirons.
Nous en reviendrons.
Sur les avirons
    Tirons !

Sur la mer qui roule
Et vomit l'embrun
Le ciel lourd et brun
En trombe s'écroule.

Si nous ne virons,
Nous y périrons.
Sur les avirons
    Tirons !

Sur la mer qui brame
Il est revenu
Tout seul et tout nu
Le bateau sans rame.

Plus ne partirons,
Plus ne reviendrons.
Sous les goëmons
    Dormons !

III

AU CIMETIÈRE

Heureux qui meurt ici
         Ainsi
Que les oiseaux des champs !
Son corps près des amis
         Est mis
Dans l'herbe et dans les chants.

Il dort d'un bon sommeil
         Vermeil
Sous le ciel radieux.
Tous ceux qu'il a connus,
         Venus,
Lui font de longs adieux.

A sa croix les parents
       Pleurants
Restent agenouillés ;
Et ses os, sous les fleurs,
       De pleurs
Sont doucement mouillés.

Chacun sur le bois noir
       Peut voir
S'il était jeune ou non,
Et peut avec de frais
       Regrets
L'appeler par son nom.

Combien plus malchanceux
       Sont ceux
Qui meurent à la mé,
Et sous le flot profond
       S'en vont
Loin du pays aimé !

Ah ! pauvres, qui pour seuls
       Linceuls
Ont les goëmons verts

Où l'on roule inconnu,
Tout nu,
Et les yeux grands ouverts.

Heureux qui meurt ici
Ainsi
Que les oiseaux des champs !
Son corps près des amis
Est mis
Dans l'herbe et dans les chants.

IV

ÉTUDE MODERNE D'APRÈS L'ANTIQUE

— L'antique, disais-tu, peuh ! c'est froid comme glace.
On le respecte pour l'avoir appris en classe.
Mais c'est un préjugé, sois en bien convaincu.
Jamais rien de précis, de réel, de vécu.
Il nous faut du détail, et point de rhétorique.
Tes anciens... — Mon ami, tu n'es qu'une bourrique !

... Sous une hutte au toit de joncs entrelacés,
Aux parois de feuillage, ensemble et harassés
Dormaient deux vieux pêcheurs sur un lit d'algue sèche.
A côté d'eux gisaient leurs instruments de pêche,
Petits paniers, roseaux, lignes, forts hameçons,
Appâts que le fucus doit cacher aux poissons,
Verveux, nasses d'osier au fond en labyrinthe,
Deux rames, de leurs doigts calleux gardant l'empreinte,

Puis une barque usée, à plat sur des rouleaux.
Leurs hardes avec leur bonnet de matelots,
Une natte, et voilà le chevet de leur tête.
C'est de ce pauvre peu que leur fortune est faite.
C'est là tout l'attirail des pêcheurs, tout leur bien.
Rien de plus. Et leur seuil n'a ni porte ni chien.
A quoi bon ? C'eût été de la peine perdue.
Pas de voisins ! Partout, autour d'eux, l'étendue.
La hutte est toute seule et la mer à côté.
Et ce qui les gardait, c'était leur pauvreté.

— Hein ! qu'en dis-tu ? Comment trouves-tu la peinture ?
Voyons, est-ce précis, réel, vécu, nature,
Détails sans rhétorique et mots sans tralala ?
Franchement, fait-on mieux aujourd'hui que cela ?
Or, sauf un trait, l'étude est mot à mot transcrite,
Idylle vingt et un, de l'aïeul Théocrite.

V

LA MARINE MILITAIRE

Pourquoi je ne dis rien du marin militaire ?
Il est beau, cependant ! Sûr. Je l'admire aussi.
Mais ce n'est, après tout, qu'un pêcheur dégrossi.
Et puis, pour parler franc, je ne l'ai vu qu'à terre.

Sans doute, je connais sa discipline austère,
Et son courage épique, et son cœur sans souci.
Je pourrais barbouiller un abordage ici,
Tout comme un autre ; mais *de chic*. Mieux vaut me taire.

Donc ne m'en veuillez pas, gas au chapeau ciré.
En disant vos parents, c'est vous que je dirai ;
Et de voir comme ils sont, on verra qui vous êtes,

Vous, la fleur qui jaillit de cet obscur fumier,
Vous qui gardez parmi nos morales disettes
Le pur et saint froment de l'honneur coutumier.

VI

PARLER MATHURIN

Les mathurins ont une langue
Où le verbe n'est point prison.
L'image y scintille à foison,
Or vierge dans sa rude gangue.

Le vent fraichit. La barque tangue.
L'onde est vert-tendre. A l'horizon
Chaque flot porte une toison.
Peignez ça, marchands de harangue !

Toi, simple pêcheur de harengs,
C'est d'un seul mot que tu le rends.
Tu dis que la vague *moutonne*.

Et l'on voit, mieux qu'avec nos vers,
Ces points clairs sur fond monotone,
Ces blancs troupeaux dans ces prés verts.

VII

LE MOT DE GILLIOURY

A HENRY LAURENT

Vous le rappelez-vous, dites, mon cher Henry,
Ce bonhomme nommé le père Gillioury ?
Non pas tel que je l'ai mis dans un de mes drames,
Mais tel qu'il était, tel que nous le rencontrâmes,
Au Croisic, ou, pour dire à sa guise, au Croisi !
Fumé, saur, le nez seul d'un royal cramoisi,
Vêtu d'on ne sait quoi, mais propre sous ses hardes,
Le bec toujours salé de chansons égrillardes,
De souvenirs joyeux et de propos plaisants,
Il travaillait encore à soixante-dix ans
Pour pouvoir, en dehors de sa maigre retraite,
Quand son nez se fanait, en repeindre l'aigrette.
C'était le vieux luron dans toute sa candeur,
Ancien loustic de bord, quelque peu quémandeur,

Et sans respect de lui sombrant au fond des verres.
Aussi les rudes gas de là-bas, gens sévères,
N'avaient-ils pas pour lui grande estime, étonnés
Que nous prissions plaisir à voir fleurir son nez.
Car nous l'arrosions ferme ; et souvent, par ma faute,
J'ai dû le ramener, le bonhomme, à son hôte,
Comme un bateau noyé roulant la quille en l'air.
Sans doute il avait tort. Nous encor plus, c'est clair.
Eh bien ! non, après tout. Lui guérir sa pépie,
Lui donner du bon temps, c'était faire œuvre pie.
Pauvre diable, il rentrait si gai dans sa maison,
Si *ben aise!* Ma foi, oui, nous avions raison.
Et d'ailleurs, nous étions ses obligés, je pense.
On lui payait son dû, de lui garnir la panse.
Pour quelques coups de vin, quelques mauvais repas,
En échange et comptant que ne donnait-il pas !
Chansons de mathurin, chefs-d'œuvre populaires,
Ses voyages partout, depuis les mers polaires
Jusqu'au voluptueux Eden de Taïti !
Il ne s'arrêtait plus quand il était parti.
Et tout cela bien mieux qu'un livre ou qu'un poëme,
Avec ses imprévus de peuple, de bohème,
De philosophe, et, par instant, le mot profond,
Ainsi que les enfants et les pauvres les font.
Tenez, il en est un, simple et grand, qui me reste.
Peut-être est-ce la voix, le regard et le geste

14.

Qui me firent alors en être tout frappé.
Non, pourtant. Il est grand, ou je suis bien trompé.
Il me semble expliquer par quelle loi chérie
S'enracine en nos cœurs l'amour de la patrie ;
Et le plus beau discours, le vers le mieux chantant,
Près de ce mot naïf n'en diraient pas autant.
Ce soir-là, nous avions gavé notre bonhomme,
Non pas comme un glouton, mais comme un gastronome,
Au Casino *lui-même*, à l'instar de Paris.
Il avait, à ces plats savants, poussé des cris
D'enthousiasme, et, peu s'en faut, de Mélusine.
Puis, sans perdre le nord, comme on parlait cuisine,
Il avait, comparant, conté par le menu
Les mets qu'il connaissait. Il en avait connu
De singuliers, ayant une fois fait ribote,
Sur un radeau perdu, d'une tige de botte ;
Mais il avait aussi des souvenirs meilleurs,
Ayant mangé de tout, partout, et même ailleurs ;
Car il disait : — J'ai vu, moi, les quatre hémisphères.
— Eh bien ! tout compte fait, qu'est-ce que tu préfères?
Lui demandai-je. Quel est le plat superfin
Dont tu voudrais avoir tous les jours à ta faim ?
—Tous les jours? Le meilleur? Hum! Diable? —Bouche bée,
Le regard en dedans et la lippe tombée,
Il s'était écarté de la table, et songeait.
— Voyons ! — Dame, fit-il, ça ne vient pas d'un jet.

Faut réfléchir un brin, prendre un point de repère,
Virer de bord, doubler la brise. Espère, espère ;
J'y rumine. — Il se tut de nouveau, plus songeur.
A son front en travail montait une rougeur.
Il y mettait vraiment toute sa conscience,
Et murmurait de temps à autre : — Patience ! —
Enfin il se leva, puis croisant ses bras courts
Gravement, comme s'il allait faire un discours :
— Tu dis bien, n'est-ce pas, la meilleure pâture,
La meilleure, ou passée, ou présente, ou future ?
— Oui. — Ses yeux flamboyaient alors étrangement.
Le vieux drôle était beau, superbe, en ce moment.
Son geste large ouvert s'envola comme une aile.
Et ce fut d'une voix émue et solennelle
Qu'il déclara : — Je l'ai, ce que j'aurais choisi.
Ce qu' y a de meilleur, c'est le pain du Croisi.

VIII

PAUVRES BOUGRES

Le grand-père est un rat de quai.
Le petit-fils, mousse embarqué.

La grand'mère, aux jours les meilleurs,
Porte la hotte aux mareyeurs.

Quand le hottage ne va pas,
Elle mendie à petits pas.

La fille court pour décrocher
Les maigres moules de rocher.

La mère avec des hommes soûls
Hale pour gagner quatre sous

LES GAS

Pâle bougre plein de calus,
Trop malingre pour les chaluts,

Le père à vingt ans s'enrôlait
Sur un follier du Pollet.

Depuis, il traine là-dedans
L'âpre misère à grince-dents.

Ah ! pauvres gens ! filles, garçons,
Au profil triste de poissons,

Vieillards dont l'éternelle faim
Dans la mort seule aura sa fin,

Haleurs, hotteuses, folliers,
Par le sort toujours spoliés,

Hélas ! hélas ! les malheureux,
Il n'est qu'un bon moment pour eux :

L'heure où, sous l'ombre ensevelis,
Ils se pâment au creux des lits,

Ravis dans un oubli profond,
Sans penser aux enfants qu'ils font.

IX

LE CHALUT

Encore un tour au treuil ! Hardi ! Du jus de bras !
V'là le fer du chalut qui sort son nez au ras.
Encore un tour ! Il va saillir hors de la tasse.
Et la chausse ne m'a pas l'air d'une tétasse,
Hein, les gas ? Ça vous souque aux poignes. Le filin
Se tend raide à péter. Bon signe que c'est plein !
Le chalut en effet monte au bout de la drisse,
Plein et lourd, gonflé rond comme un sein de nourrice.
Un moment, au-dessus du pont, en globe il pend.
Largue tout ! Et ce lait de poissons se répand,
Pêle-mêle de sauts, de couleurs, d'étincelles.
Est-ce toi, l'arc-en-ciel en morceaux, qui ruisselles ?
On le dirait, de vrai. Comment avec des mots
Peindre ces tons, ces fleurs, ces pierres, ces émaux,
Cette chair miroitante en fouillis de lumières,
Et ces splendeurs, aux yeux des marins coutumières,

Mais qui pour mes regards de novice terrien
Ont l'aspect d'un prodige et ne rappellent rien?
Et quel tas! On en a plus haut qu'à demi-botte.
On glisse là-dedans comme un homme en ribote
Qui parmi des écrins et sur un médaillier
Piétinerait dans la montre d'un joaillier.
Encor tous les joyaux de toutes les vitrines
Pâliraient-ils devant les ventres, les poitrines,
Les nageoires, les dos, les têtes de ces corps
Où le prisme défait et refait mille accords.
J'exagère? Non pas. Qu'il vienne un lapidaire,
Un peintre, le plus grand, qu'il voie et considère
Si ce n'est pas assez pour lui faire dire « oh! »
Du plus humble de ces poissons, du maquereau.
Le ventre est d'argent clair et de nacre opaline,
Et le dos en saphir rayé de tourmaline
Se glace d'émeraude et de rubis changeant.
Au moment de la mort, sur la nacre, l'argent,
Le saphir, le rubis, l'émeraude, une teinte
De rose et de lilas s'allume, puis, éteinte,
Se fond en un bouquet fané délicieux
Plus tendre que celui du couchant dans les cieux.
Et ce turbot, marbré comme une agate obscure!
Et ce merlan qui semble un poignard en mercure!
Et la plie orangée, aux lunules de fiel!
Et celle en disque blond, tel un gâteau de miel!

Et le crapaud de mer, corps d'azur, tête plate
Où rutilent deux yeux à prunelle écarlate !
Et le hareng, vêtu d'éclairs phosphorescents !
Et que d'autres, qui sont et des mille et des cents !
Et leurs formes aussi ! C'est la sole en ellipse ;
Le chabot monstrueux, bête d'Apocalypse ;
Le grondin, dont le chef carré fait un marteau ;
Le bar au gabarit modèle de bateau ;
Le homard qui cisaille et le crabe qui fauche ;
La limande, yeux à droite, et la barbue, à gauche ;
L'oursin en hérisson et le congre en serpent ;
La raie, avec sa queue épineuse qui pend,
Et ses nageoires, dont les rhythmiques détentes
A la large envergure ont l'air d'ailes battantes ;
D'autres ; d'autres encor ! Mais pendant qu'à l'écart
J'emprisonne dans les cachots de mon regard
Ces formes, ces couleurs, rapidement notées,
Nos gas, répartissant les poissons par hottées,
Les descendent à fond de cale. On est chantant ;
La pêche est bonne ; on va continuer d'autant.
Range à border l'écoute ! Et vire à contre-brise !
Il faut retrouver champ où le chalut ait prise,
Et que le vent grand'largue appuyant le bateau
Traîne bien au tréfond la chausse et le râteau.
Adieu-vat ! C'est paré. Laisse filer la chaîne.
Nageons dret, et que la relevaille prochaine

Plaise à nos gas autant que celle-ci leur plut !
Que la chausse se gave à crever le chalut !
Faudra du jus de bras encor. Mais, n'ayez crainte,
Ce n'est pas ça qui manque, et gaîment l'on s'éreinte
Quand on sent que d'aplomb ça souque en remontant.
On tirera d'un poing léger, d'un cœur content,
Pour revoir le butin pendre au bout de la drisse,
Plein et lourd, gonflé rond comme un sein de nourrice.
Celui qui trimerait alors en maugréant
Serait un failli chien, sans cœur et fainéant ;
Car ça, qui du chalut charge et distend les mailles,
C'est du pain pour les vieux, la femme et les marmailles.

X

LES POUILLARDS

Où ça couche ? Le plus souvent
N'importe où. Quand le froid les traque,
Avec le suroit arrivant,
Ça couche dans une baraque
A l'abandon, qui se détraque,
Dont le toit bâille en se crevant
Sous l'averse, et dont le mur craque
A toutes les gifles du vent.

Ils s'entassent là pêle-mêle,
Comme un nœud de vers embrouillés,
Jeunes et vieux, mâle et femelle,
Haleurs, mendigots et mouliers,
Tous transis, grelottants, mouillés,
Les bras croisés sous la mamelle,

Et parfois, quoique sans souliers,
Forcés de battre la semelle.

Quand ils en sortent, les matins,
Alors que le soleil appuie
Ses pieds d'or sur de verts satins,
Eux, qu'en vain sa lumière essuie,
Avec leur crasse aux tons de suie
Où le jour plaque des étains,
Mal débarbouillés par la pluie
Ils ont l'air de nègres déteints.

De quoi ça s'habille ? De loques.
Fonds de culottes sans mollets,
Pan de veste qui t'effiloques,
Bourgerons veufs de vos collets,
Chapeaux roux qui te décollais,
Cuirs débouillis gonflés de cloques,
De vous ils se font des complets
Où leur morve met des breloques.

De quoi ça vit ? De noirs écots
Savoureux à leur faim qui dure :

Vagues détritus de fricots
Mijotés dans les tas d'ordure,
Trognons de choux, brins de verdure,
Mélancoliques haricots,
Bouts de pain dont la croûte dure
Ebrèche leurs derniers chicots.

Par-ci par-là, jours de fortune,
D'un pêcheur ils ont des poissons.
Ou bien, guettant l'heure opportune
Où nous, étrangers, nous passons,
Ils nous marmonnent des chansons
En nous disant que c'en est une
De mathurin, et nous glissons
Dans leur main sale un peu de thune.

Mais ces jours-là, ces bons instants,
On les compte au cours de l'année.
Les autres, les jours malcontents,
Se suivent comme à la fournée.
Longs mois de disette acharnée !
De quoi ça vit? De vieux restants
Raccrochés au jour la journée.
De quoi ça vit? De l'air du temps.

Et cependant, ça vit, ça grouille.
Plus mal que bien, c'est entendu !
Aucun n'a la panse en citrouille.
Le plus gras a l'air d'un pendu.
Mais chacun, à vivre assidu,
Résiste, lutte, et se débrouille.
Leur espoir n'est pas plus perdu
Que le fer n'est mort sous la rouille.

Quel espoir ? Ils ne savent pas.
Pourtant, on voit qu'il les fait vivre,
Puisque, partout où vont leurs pas,
On peut lire comme en un livre
Dans leurs yeux la soif de le suivre.
Espoir de quoi ? D'un bon repas ?
D'un lit plus sûr ? D'un sommeil ivre ?
Espoir d'un tranquille trépas ?

Espoir de quoi ? Que leur importe !
Ils vont vers lui, jamais lassés,
Hôtes du vieux hangar sans porte,
Mangeurs d'arlequins ramassés,
Rôdeurs des quais et des fossés
Hantés du rat et du cloporte,

Pas un ne dit que c'est assez
Et ne veut que la mort l'emporte.

Espoir de quoi ? Tout simplement
Espoir de vivre encore une heure,
L'heure qui va dans un moment
Sourire, et qui sera meilleure
Que celle d'à-présent qui pleure.
Espoir sans fin qui toujours ment,
Qui toujours accouche d'un leurre,
Et qu'on maudit, mais en l'aimant !

C'est cet espoir qui les enivre,
Qui les chauffe de ses rayons
Contre le vent, la nuit, le givre,
Qui les revêt sous les haillons,
Les nourrit, et met des paillons
Superbes dans leurs yeux de cuivre.
De quoi ça vit, ces penaillons ?
De quoi ça vit ? De vouloir vivre.

XI

LES SARDINIÈRES

La sardine est jolie en arrivant à l'air
Comme un couteau d'argent où s'allume un éclair ;
Et de cet argent-là faisant des sous de cuivre,
Les pauvres gens auront quelque temps de quoi vivre.
Mais pour aller la prendre il faut avoir le nez
Bougrement plein de poils, et de poils goudronnés ;
Car la gueldre et la rogue avec quoi l'on arrose
Les seines qu'on lui tend, ne fleurent point la rose.
Gueldre, lisez mortier de crevettes, pas frais,
Mais confit dans son jus et pourri tout exprès.
Rogue, lisez boyaux de morue en compote,
Salés, mais corrompus. Et l'on s'en galipote,
Quand on veut bien parer l'amorce de rigueur,
Les dix doigts jusqu'au coude et le nez jusqu'au cœur.
N'empêche que la pêche en juin ne soit plaisante !
Rien de plus fin que la sardine agonisante

Qui frétille et qui meurt avec de petits cris
Comme si le canot était plein de souris.
Et puis quoi ! Faut-il pas faire manger le monde ?
Et sans la gueldre infecte, et sans la rogue immonde,
Bonsoir à la sardine, et vous ne l'auriez pas,
Riches, pour vos hors-d'œuvre, et gueux, pour vos repas.
Non plus que les pêcheurs, dame, les sardinières
Ne hument en bouquet des odeurs printanières.
A passer tout le jour les sardines en main,
Elles n'embaument pas le lis ni le jasmin ;
Et leurs doigts, leurs cheveux, leur linge, leur peau même,
Tout ça sent le poisson. Mais bah ! j'aime qui m'aime !
Et les gas sont plus d'un qui les aiment ainsi.
C'est qu'avec leur bonnet comme on les porte ici,
Dont les coins envolés semblent des ailes blanches,
Avec leur corselet qui fait saillir les hanches
Et dont, à l'entre-deux, le fichu reste ouvert,
Avec leur jupon court qui montre à découvert
Les mollets arrondis et les fines chevilles,
On dira ce qu'on veut, ce sont de belles filles.
Sans compter qu'après tout le parfum le plus cher
Ne vaut pas celui-là qui leur reste à la chair,
Ce bon parfum salé, fort, montant, où se mêle
L'effluve de la mer à ceux de la femelle,
Parfum voluptueux aux appels réchauffants,
Qui met en appétit de faire des enfants.

Et pas de ces enfants marmiteux et débiles,
Avortons alanguis de fièvres et de biles,
Pauvres anges pâlots, mal venus, mal plantés,
Comme ceux de hasard qu'on fait dans les cités !
Mais de robustes gas qui n'ont rien d'éphémère,
Plantés pour reverdir, forts comme père et mère,
Rétus avant de naitre et poilus en naissant,
Ayant déjà dans leur regard phosphorescent
La couleur de la mer que boiront leurs prunelles
Et le vague infini qu'ont les vagues en elles ;
Car, fille et sardinière, ou fils et matelot,
Tous auront la même âme, et c'est l'âme du flot.
Chantez en y pensant, chantez vos cantilènes,
Sardinières ! Chantez, et que par vos haleines
La mer féconde fasse entrer dans vos poumons
Le suc de sa marée et de ses goëmons !
Chantez, et respirez aux relents de la salle
Toute la vie en fleurs, tout l'amour qu'elle exhale !
Chantez ! Imprégnez-vous de sa maternité !
Et que ce soir, après votre ouvrage quitté,
Les galants qui viendront vous chercher à la porte
Se grisent de l'odeur que votre jupe emporte,
Et, tout enveloppés aussi de ce même air,
Baisent dans vos baisers les baisers de la mer !
Aimez-vous et croissez, bonnes races marines
Aux cœurs jeunes toujours dans vos larges poitrines !

Le monde est vieux, et les mâles y sont perclus.
Faites donc des enfants pour ceux qui n'en font plus !
Les temps ne sont pas loin où la disette d'hommes
Eteindra toutes nos Lesbos et nos Sodomes
Qui s'anéantiront dans leur stérilité.
Mais le flambeau sur qui souffle un vent irrité,
Vous le sauverez, vous, de nos morts ténébreuses,
Braves gens, pauvres gens aux familles nombreuses,
Et vous le transmettrez ainsi de main en main,
Ce flambeau de la vie, aux vivants de demain.
Et quand l'humanité, le front couvert de rides,
Verra sur ses flancs creux pendre ses seins arides,
Vous seuls saurez encore les secrets abolis,
Et c'est près de la mer, c'est dans un de vos lits,
Que naîtra, d'un pêcheur et d'une sardinière,
Le dernier-né des fils de la race dernière.

XII

L'HARENG SAUR

Ne rougis pas de ta carcasse,
Toi, vieux, qu'on nomme *l'hareng saur*.
Garde ce sobriquet cocasse
    Comme un trésor.

Laisse rire ces bons apôtres,
Nos beaux messieurs à tralala.
Car tu n'es pas si laid qu'eux autres.
    Bien loin de là !

Ils font les fiers avec leur mine.
Mais c'est l'astiquage qui rend
Leur corps aussi blanc qu'une hermine
    Et transparent.

Tous les jours avec de l'eau douce
Ils se lavent au saut du lit
A force de savon qui mousse
  Et qui polit.

Ils ont la peau comme une espèce
De baudruche passée au lard.
J'aime mieux ta basane épaisse
  Comme un prélart.

Car c'est avant tout la chlorose
Qui donne à leur teint ce reflet
Et fait ces pétales de rose
  Trempés de lait.

Toi, que ton cuir soit propre ou sale,
Qu'importe ! Il est d'un fameux grain,
Il se tanne au soleil, se sale
  Dans le poudrain,

Se culotte aux souffles du large,
Se cuit même dans ton sommeil ;
Mais dessous court au pas de charge
  Un sang vermeil.

Et tout cela, mon camarade,
Hâlé, fumé, roux, fauve, brun,
Le soleil, l'eau, l'air de la rade,
    Le vent, l'embrun,

Tout cela se fond et s'arrange
Avec la patine des ans
En un riche métal étrange
    Aux tons luisants ;

Et, dressé sur ton col robuste,
Ton vieux museau de mathurin
Resplendit pour moi comme un buste
    D'or et d'airain.

XIII

LES HALEURS

La oula ouli oula oula tchalez !
Hardi ! les haleurs ! oh ! les haleurs, halez !

C'est pas tout d'avoir charge ; il faut rentrer sa charge.
Or la brise aujourd'hui ne souffle point du large,
Mais d'amont ou d'aval, du noroit ou suroit,
Ou même vent debout dans le chenal étroit.
Aussi les chalutiers zigzaguent dans la rade
Et courent bord sur bord ainsi qu'à la parade
Avant d'arriver juste au pertuis du goulet
Où l'on doit entrer raide et droit comme un boulet.
Enfin, d'un dernier coup d'aile rasant le môle,
Le ventre à fleur de vague et l'écume à l'épaule,
Presque couchés sur l'eau qui balaye le pont,
Ils s'enfilent de biais, se redressent d'un bond,

Et les voilà flambards entre les deux jetées.
Les voiles vont claquant sur les vergues fouettées,
Et les focs par flicflacs se gonflent à l'envers.
Les matelots, couverts d'embrun, semblent tout verts.
Souque ! Attrape à carguer ! Pare à l'amarre. Et souque !
C'est le coup des haleurs et du câble à rimouque.

La oula ouli oula oula tchalez !
Hardi ! les haleurs, oh ! les haleurs, halez !

Les voici. Tout d'abord les malins du halage,
Les aristos ! De vieux pêcheurs, venus à l'âge
Où la poigne n'est plus poigneuse aux avirons ;
Mais tout de même, encore larges des palerons,
Ayant toujours un peu de sève sous l'écorce,
Râblés, et, s'il le faut, bons pour un coup de force.
Puis, des veuves et des grand'mères, qui n'ont plus
Personne à la maison et personne aux chaluts,
Et qui gagnent leur vie à présent toutes seules.
Malgré leurs cheveux blancs, solides ces aïeules !
Hautes et droites sous leur coiffe et leur fichu,
Elles ont les yeux clairs et le grand nez crochu
Ainsi que des oiseaux rapaces. Sous leur cotte
Leurs jambes sèches vont d'un pas vif qui tricote.

Et montre les tendons de leur jarret nerveux.
Quand ces gaillardes-là se prennent aux cheveux,
L'homme lui-même a peur de leurs pattes d'araignes
Economes d'argent, mais prodigues de beignes.

La oula ouli oula oula tchalez !
Hardi ! les haleurs, oh ! les haleurs, halez !

Viennent aussi des bat-la-flemme, des sans-douilles,
Fainéants, suce-pots, grands dépendeurs d'andouilles,
Qui dans tous cabarets ont tué leur *je dois*,
Et qui ne font jamais œuvre de leurs dix doigts
Sinon lorsque la faim trop fort leur crie au ventre
Et lorsque dans le dos leur estomac leur rentre.
Par les autres, qui vont partager avec eux,
Ils sont mal vus, ces faux haleurs, mauvais péqueux
Qui flibustent leur tour et rognent leur salaire.
Mais comme ils sont plus forts, il faut qu'on les tolère,
Et les moins crânes leur font place au milieu d'eux,
En loques, rapiécés, mais à la six-quat'-deux,
On devine qu'ils n'ont point de sœur, point d'épouse,
Plus de mère qui les nettoie et les recouse.
La crasse en champignons s'écaille sur leur peau ;
Et leur pan de chemise ainsi qu'un noir drapeau,

Montrant leur triste viande aux trous de leur culotte,
Aux fesses de ces grands enfants pend et ballotte.

La oula ouli oula oula tchalez !
Hardi ! les haleurs, oh ! les haleurs, halez !

Sautillant, boitillant, tortillant de la croupe
Arrive enfin le tas des gueux, comme une troupe
De canards éclopés qui poussent des couincouins.
Ce sont les vieux pouillards, les gouines et les gouins.
Hommes ou femmes, tous des dégaines pareilles !
Des calus plein les mains, du poil plein les oreilles,
Les pieds tors, les genoux fourbus, la gibbe aux reins,
Tous plus ou moins quillots de leurs arrière-trains.
Des gueules de pendus et des trognes d'ogresses !
Marmiteux malandrins, lamentables bougresses,
Qui, leurs infirmités à l'air, l'œil en dessous,
Pourraient tout aussi bien pour trucher quelques sous
Rester à ne rien faire en demandant l'aumône.
Ils aiment mieux gagner leurs ronds de cuivre jaune,
Venir trimer ici sans jamais dire assez,
User de bout en bout leurs corps décarcassés,
Et suer longuement jusqu'au dernier atome
Ce qui reste de sang dans leur chair de fantôme.

La oula ouli oula oula tchalez !
Hardi ! les haleurs ! oh ! les haleurs, halez !

Ils sont tous là. Va bien ! Campé droit comme un cierge
A l'avant, un pêcheur a jeté sur la berge
Le filin par lequel le câble est abraqué.
Le câble se déroule en serpent sur le quai.
Et voici les haleurs, chacun sa place prise,
Qui s'agrafent des doigts, tirant à contre-brise.
Hardi ! Le chef de file, une femme souvent,
(La paie est double, et c'est au premier arrivant)
Tient le câble à l'épaule ainsi qu'une bretelle.
Hardi ! Que ce soit lui, l'homme, ou que ce soit elle,
La femme, il faut porter tout le poids sur son col,
Le corps presque couché, les yeux fichés au sol,
S'accrochant des orteils sur la surface lisse
De la pierre et du bois visqueux où le pied glisse.
Rien ne bouge d'abord. Même, on cule un instant.
Alors le chef de file entonne en chevrotant
L'air des haleurs. Hardi ! Ça marche. Et d'une haleine
Tous reprennent en chœur la vieille cantilène.

La oula ouli oula oula tchalez !
Hardi ! les haleurs, oh ! les haleurs, halez !

Le chemin est mauvais ; mais l'étape est prochaine.
Hardi ! Souque ! On dirait des oignons à la chaine.
Non. Avec leurs reins lourds, bombés, leurs fronts pendants,
Leurs bras raidis, leurs poings clos, leurs pieds en dedans,
Et leur allure veule et de guingois qui traine,
C'est comme un chapelet de crabes qui s'égrène.
Et c'est pitié de voir ces piétons s'attelant
Au bateau si rapide en chapelet si lent.
Dire qu'il faut ces nains pour bercer sur les ondes
Ce géant paresseux aux ailes vagabondes !
Dire qu'il faut leur rude effort à ras du sol
Pour son balancement voluptueux et mol !
Dire qu'il faut ces vieux, ces vieilles, ces bancroches,
Ces quelques rats de quai, ces quelques poux de roches,
Tous ces crabes tordus, noirs, en procession,
Pour ramener jusqu'à son nid cet alcyon !
Ah ! n'est-ce point pitié qu'ils peinent à la tâche,
Eux, ces pauvres petits, pour tirer ce grand lâche !

La oula ouli oula oula tchalez !
Hardi ! les haleurs, oh ! les haleurs, halez !

Il faut l'entendre au fond des soirs troubles d'automne,
La cantilène douce, obscure, et monotone.

Son *la oula ouli oula oula tchalez*
Prend dans le ciel jauni des airs plus désolés,
Quand la voix du soliste, aigre, aiguë et falote,
A la fin du couplet sur un trille tremblote
Comme une larme au bout des cils avant de choir,
Et quand, avec un bruit de nez dans un mouchoir,
Le refrain en des couacs ridicules et tristes
Se déchire au basson enrhumé des choristes.
Le soleil moribond se couche lentement.
Les vieux chantent toujours sans souffler un moment.
A les voir, eux et lui, si douloureux, il semble
Qu'ils sont à l'agonie et vont mourir ensemble.
Et quand lui s'est couché dans son sang répandu,
La chanson monte alors comme un appel perdu,
Comme un plaintif appel de fou qui déblatère
Et que nul n'entend plus dans le ciel solitaire.

La oula ouli oula oula tchalez!
Hardi! les haleurs, oh! les haleurs, halez!

Ah! c'est la nuit surtout, en décembre, nuit pleine,
Qu'il faut l'entendre, la lugubre cantilène,
Alors que les haleurs, entrevus vaguement,
La murmurent, lassés, comme un gémissement.

Mélancoliquement ça roule en plainte sourde.
Toujours tirant, toujours chantant, dans l'ombre lourde
Ils vont, et sans les voir longtemps on les entend.
Rauque et lent, le refrain se traine en sanglotant.
Tout là-bas, dans le port, ça s'en va, ça s'enfonce.
Et soudain, quand ça meurt, voici qu'une réponse
S'élève, tout là-bas, à l'autre bout du quai.
C'est un nouveau bateau qui rentre, remorqué.
Une autre bande est là, douloureuse, minable.
Pauvres damnés à la besogne interminable !
Et de partout, du fond du port, du seuil des flots,
L'ombre de l'horizon se peuple de sanglots,
Et la nuit semble un champ plein de larves funèbres
Qui pour l'éternité pleurent dans les ténèbres.

La oula ouli oula oula tchalez !
Hardi ! les haleurs, oh ! les haleurs, halez !

XIV

UN MORUTIER

Il avait des façons de s'exprimer à lui.
Au jusant, il disait : « La mé n'a de l'ennui. »
Quand remontait le flot : « Il crève ses ampoules. »
Les nuages, c'était *le ciel plumant ses poules;*
Et la foudre en éclats, *Michel cassant ses œufs.*
Il appelait le vent du sud *cornemuseux,*
Celui du nord *cornard,* de l'ouest *brise à grenouille,*
Celui de suroit *l' brouf,* celui de terre *andouille.*
Sa pipe avait nom Jeanne et son briquet Martin,
Et sa chique en pruneau se baptisait *l' tétin.*
Lui-même, il se peignait ainsi : — Vioque et précoce.
— Hein ? — Ben quoi ! Ça s'entend. Conservé dans ma cosse,
Sec et mouillé, confit de sel et de goudron,
Et bon à replanter comme à mettre au chaudron.
Ayant tant navigué, que j'ai la vague à l'âme.
Mais la cendre de l'eau n'a pas éteint la flamme,

Et sous le vieux prélart tanné par le poudrain
La poulie a sa graisse et le câble son brin.
Donc, comme un verre, ouvert; fermé comme une buire ;
Cœur tendre à se détendre et cuir de dur-à-cuire. —
Et je fis bien souvent des efforts superflus
Pour qu'il s'expliquât mieux, je n'en eus rien de plus.
Du reste, il méprisait les terriens, *jus de cancre.*
Quant à la terre : — Un vieux ponton toujours à l'ancre,
Une épave au rancart, une huître à son rocher,
Un cul prenant racine au banc sans décrocher.
Et votre air, ça qui sent le renfermé ! Le nôtre,
Ça vient de l'air et pas de la gueule d'un autre.
Pour respirer du frais, du neuf et de l'entier,
Et de première main, vive le morutier !
— Pourtant, là-bas, l'amorce et la chair corrompue,
Et la chambrée en tas, il paraît que ça pue.
— Ça pue ! Ah ! par exemple ! on en est embaumé.
Humez-moi donc le poil. De l'élixir de mé ! —
Il fleurait le tabac, le côltar, l'eau-de-vie,
Le poisson rance. — Hé ! dit-il, ça fait envie,
N'est-ce pas ? On en a plein son nez, les plus creux.
Voyez-vous, les marins, n'y en a que pour eux ! —
Et de rire. Il était heureux, ce pauvre hère.
Pourtant je connaissais sa vie et sa misère.
C'est un rude métier, d'être Terre-neuvat !
Et lui, qui l'avait fait trente ans, disait : — Bon vat !

Oui, dame ! on file ainsi son nœud tant que ça dure.
N'a du dur dans la douce et du doux dans la dure ;
Mais à force de quarts on amène le jour.
Ben sûr qu'à tout compter n'a du contre et du pour.
C'est selon la marée et le fond qu'on rencontre.
Des fois trop contre pour, et des fois trop pour contre !
En somme, plus suivé qu'à terre, assurément,
Sauf que, lorsqu'on a peine, on n'a pas agrément,
Et que, le boujaron vidé, faut qu'on le rince.
Puisqu'autant en arrive au pelletas qu'au prince,
Vas-y gaiment ! Si bien qu'en attendant mon tour
Je fais le pour du contre et prends le contre en pour.

XV

LES SONGEANTS

Dans le pays on les appelait *les Songeants*.
A force d'être ensemble ayant mine pareille,
On eût dit deux sarments, secs, de la même treille.
C'était un vieux marin et sa femme, indigents.

Ils se trouvaient heureux et n'étaient exigeants ;
Car, elle, avait perdu la vue, et lui, l'oreille.
Mais chaque jour, à l'heure où le flux appareille,
Ils venaient, se tenant par la main, bonnes gens,

Et demeuraient assis sur le bord de la grève,
Sans parler, abîmés dans l'infini d'un rêve,
Et jusqu'au fond de l'être avaient l'air de jouir.

Ainsi de leurs vieux ans ils achevaient la trame,
Le sourd à voir la mer, et l'aveugle à l'ouïr,
Et tous deux à humer son âme dans leur âme.

XVI

LES TROIS MATELOTS DE GROIX

L'avez-vous oublié ? Moi, je l'ai retenu,
Ce vieil air de marin, chef-d'œuvre d'inconnu,
Où du peuple et des flots l'âme obscure s'exprime.
Quelques couplets, naïfs de sens, veules de rime,

Sur cinq notes, pas plus, cinq, mi, ré, do, si, la,
Avec tradéri tra, lanlaire et troulonla,
C'est tout ! Mais là-dedans, la mer entière y passe,
Le cri des naufragés, l'haleine de l'espace,
Les gaités de ce dur métier et ses effrois.
C'est *la complainte des trois matelots de Groix*.
Pour la goûter dans sa grandeur mélancolique,
Il faut l'entendre au soir, quand le soleil oblique
Avant de s'en aller lui dresse son décor,
Lorsqu'en derniers flocons sa pourpre saigne encor,
Tandis qu'à l'autre bout du ciel la nuit reflète
Ses cheveux dénoués dans la mer violette.
Oh ! comme le vieil air alors vous entre à fond,
Chanté là-bas par un qui dans l'ombre se fond,
Par un pauvre pêcheur qui, tourné vers la terre,
S'enfonce au large sur sa barque solitaire !
Oh ! le puissant, le fier poëme, et pénétrant !
Quelle évocation il fait ! Quel charme il prend
A rouler sur les flots où ce rameur le pousse
Avec sa rauque voix que le lointain rend douce !
Mais comment le noter, ce poëme ? Comment
En traduire la vie et l'âme, où le moment,
L'onde immense, le ciel profond, l'ombre infinie,
Mystérieusement mêlent leur harmonie ?
Comme dans un herbier les goëmons défunts
Se dessèchent, flétris, et perdent leurs parfums,

Cette musique et ces paroles, entendues
Sur la mer qui frissonne et dans les étendues,
Vont-elles pas mourir et se flétrir aussi
Sur ce froid papier blanc par ma plume noirci ?
Bah ! les mots, vieux sorciers, ont des métempsychoses,
Et leurs philtres savants font revivre les choses.
Essayons !

        Attendri, pourtant non sans gaîté,
L'air s'élance d'abord dans un vers répété,
Et là, sur un quasi trille qui pirouette,
Plane en battant de l'aile ainsi qu'une alouette.

    Nous étions deux, nous étions trois,
    Nous étions deux, nous étions trois.

Ma foi, oui, deux ou trois ! Ou bien quatre, peut-être.
Le compte est, au départ, fait par le quartier-maître ;
Mais le compte au retour, ah ! qui donc le connaît ?
Est-ce qu'on sait jamais, sur mer, combien l'on est ?
On était trois. On n'est plus que deux. Cherchez l'autre !
Aujourd'hui c'est son tour, et demain c'est le vôtre.
En a-t-on vu partir dans le grand bénitier !
Mais qu'importe ! Hardi, les gas ! C'est le métier.
Houp ! quand même, et gaîment, en marins que nous sommes !
Si l'on pensait à ça, la mer serait sans hommes.

LES GAS

Nous étions deux, nous étions trois,
Nous étions deux, nous étions trois,
Nous étions trois mat'lo-ots de Groix,
Mon tradéri tra trou lon la
Mon tradéri tra, lanlai-ai-aire!

Et le premier couplet va joyeux s'achevant
Sur un coup de gosier qui gueule au nez du vent
Et dont le dernier cri s'envole en rires vagues
Comme un défi moqueur à la barbe des vagues.
Et pourquoi serait-on si triste, donc, les gas?
On a fait bonne pêche. On rentre sans dégâts.
La femme et les petits auront pitance large.
On arrive. On débarque. On va vendre la charge.
Et puis on mangera la soupe de poissons
Avec un bon pichet de cidre et des chansons.
Parbleu! le vent n'est pas toujours si mauvais drille.
La mé n'est pas toujours rêche comme une étrille.
Vois, elle est douce, un peu frissante, mais pas plus.
C'est la brise qu'il faut pour traîner les chaluts.
Le bateau va comme en rivière une gabare,
Sans personne au compas, et le mousse à la barre.
Il faudrait n'être qu'un failli chien de terrien
Pour geindre en ce moment et se plaindre de rien.
Va, du gas, et les pieds pendus sur la poulaine,
Pare à reprendre en chœur le refrain à voix pleine!

Nous étions trois mat'lots de Groix
Nous étions trois mat'lots de Groix,
Nous allions de Belle-I-Isle à Groix,
Mon tradéri tra trou lon la,
Mon tradéri tra lanlai-ai-aire!

Bien sûr! Pourquoi donc triste? Ah! le sort des marins,
Un sort à faire envie, une vie à trois brins!
Bitte et bosse, qu'on dit en langue matelote!
Mousse à douze ans. Ensuite, un congé sur la flotte.
Puis, jusqu'à cinquante ans, inscrit. Après, largué!
Quand près d'un demi-siècle on a bien navigué,
On touche, en s'échouant épave sur la grève,
Cent soixante-dix francs de pension. Quel rêve!
Mais sur nos pieds pendus vient poudrainer l'embrun.
Attrape à prendre un ris, mon garçon! Encore un!
V'là la mé qui se fâche et la lame qui brise.
A c't' heure, c'est le vent du nord qui souffle en brise.
Mauvais bougre de vent qui vous jette aux récifs,
Et gifle à contre-poil les paquets d'eau poussifs.
Range à virer! Le vieux nous chatouille le ventre,
Et les filins tendus ronflent creux comme un chantre.

Nous allions de Belle-Isle à Groix,
Nous allions de Belle-Isle à Groix.
Le vent du nord vint à-à souffler.

C'est vrai, qu'il souffle, tout de même, et pas pour rire.
L'eau clapote en bouillons comme une poêle à frire.
Bon ! qu'il gimble tant qu'il voudra dans les agrès !
Nous en avons troussé bien d'autres au plus près.
Ce n'est pas encor lui qui verra notre quille.
Souffle, souffle, mon vieux ! Souffle à goule écarquille !
Souffle à t'époumonner ! Nous n'y serons pas pris.
Car la barre tient bon, la toile a ses deux ris,
Et l'homme est plus malin que la mer n'est méchante.
Nous sons parés, mes gas. Holà, du mousse, chante !

Nous allions de Belle-Isle à Groix,
Nous allions de Belle-Isle à Groix,
Le vent du nord vint à-à souffler,
Mon tradéri tra trou lon la,
Mon tradéri tra lanlai-ai-aire !

Et la voix du pêcheur qui va toujours ramant,
Là-bas, à l'horizon, n'a pas un tremblement
En lançant ce couplet où déjà monte et roule
Le râle rauque et sourd dont se gonfle la houle.
Car il souffle dans la chanson, plus fort, plus dru,
Le maudit vent du nord, le sacré vieux bourru ;
Et les flots flagellés, qu'il rebrousse au passage,
Se cabrent contre lui, lui crachent au visage,
S'enflent, bondissent, fous, et viennent dans leurs sauts

Jusqu'au milieu du pont dégorger leurs naseaux
En secouant, épars, leurs crins aux mèches vertes.
Le bateau coupe en deux leurs poitrines ouvertes,
Ou les chevauche, grimpe aux croupes des plus hauts,
Puis dans des entonnoirs retombe, et les cahots
Le déhanchent, comme un qui chute d'une échasse.
Maintenant, c'est compris : le grain nous fait la chasse.
Il faut, sans qu'il nous prenne en biais, filer devant,
Sur un tout petit bout de toile dans le vent.
Le ciel se grée en nuit, d'une nuit sans chandelle ;
Et sur ce grand mur noir passent à tire-d'aile
Des nuages blafards, déchiquetés aux flancs,
Où le bec des éclairs ouvre des accrocs blancs.
L'averse tombe en fouet aux lanières étroites.
La mer est comme un champ de lames toutes droites.
Cargue ! Amène ! Encor ! Tout ! Plus de toile au bateau !
Les ris à l'Irlandaise, aïe ! à coups de couteau !
En lambeaux arrachés le dernier foc s'envole.
La baume en deux ! Le mât craque. La barre est folle.

> *Le vent du nord vint à souffler,*
> *Le vent du nord vint à souffler.*

Il souffle, souffle, souffle. En vain l'on s'évertue.
Pas moyen de virer à la brise têtue.
Et l'on entend d'ici le bruit tonitruant

Des taureaux de la mer aux récifs se ruant.
C'est la côte, la terre infâme, où l'on se broie
Aux mâchoires des rocs qui lacèrent leur proie.
Non, non, plutôt que d'être ainsi mis en morceaux
Luttons, colletons-nous encor avec les eaux !
La chaloupe est servie et la vague est gourmande.
Mais, l'aviron au poing, c'est l'homme qui commande.

Le vent du nord vint à souffler,
Le vent du nord vint à souffler,
Faut mettre la chalou-oupe à l'eau,
Mon tradéri tra trou lon la,
Mon tradéri tra lanlai-ai-aire !

Ah ! comme elle paraît lamentable d'ici.
La chanson qui là-bas s'égaille sans souci !
Qui sait si ce pêcheur, perdu dans l'ombre grise,
Ne va pas rencontrer aussi, lui, cette brise,
Ce vent du nord qui jette aux rochers le bateau ?
Un coup par le travers, et sa barque fait eau.
Il est seul. Il est loin. Il n'a rien que sa rame.
Pourtant il va toujours. Il chante. Et tout le drame
Qu'il évoque en deux mots sans un pleur dans la voix,
Tout ce drame surgit. Je l'entends. Je le vois.
Ils sont dans la chaloupe, à la rame, à l'aveugle,
Contre l'eau qui rugit, contre le vent qui beugle.

Ils ont dégringolé dedans comme ils ont pu,
Juste à temps, au moment où le mât s'est rompu,
Où la coque a roulé vers la côte prochaine.
Plus de pont ! Plus de chambre au bon coffre de chêne !
Plus de voile ! Plus rien que leurs pauvres poings clos
Pour taper sur le mufle à la meute des flots.
Et les monstres sur eux croulent en avalanches,
Dardent leurs ongles verts, font grincer leurs dents blanches,
Leur sautent par-dessus quand la barque descend,
Et tâchent de les prendre à la gorge en passant.
Et l'on a beau tenir son banc d'une main forte,
Ils sont tant, qu'une gueule à la fin vous emporte.

Quand la chaloupe fut à l'eau,
Quand la chaloupe fut à l'eau,
Mon matelot tomba-a dans l'eau,
Mon tradéri tra trou lon la,
Mon tradéri tra lanlai-ai-aire !

Ah ! maintenant, c'est comme un vol d'oiseaux meurtris
Que la chanson là-bas se traîne avec des cris,
Tandis que le pêcheur disparaît dans la brume.
Un vol d'oiseaux lassés, lourds, qui perdent leur plume !
Roulant et s'écorchant à la pointe des flots,
Le trille du refrain se déchire en sanglots.
Un vol d'oiseaux blessés qui ne vont que d'une aile !

O tristesse de la lointaine ritournelle !
Cette fois, en chantant, le pêcheur a gémi.
C'était son matelot, celui-là, son ami.
Mon matelot tomba dans l'eau... La voix sanglote...
Il a fait avec moi son congé sur la flotte.
Partis ensemble, dà ! Lâchés ensemble aussi.
Il était, comme moi, de la *classe*, et d'ici ;
Et du même filet on aurait dit deux mailles.
Puis, comme moi toujours, il a femme et marmailles.
Veuve, à c't'heure, orphelins ! Comment vivre pourtant ?
Car il n'a rien laissé, pauvre bougre, en partant.
Sur lui le matelot a sa fortune entière ;
Et quand il tombe à l'eau, c'est l'eau son héritière.

> *On n'retrouva que son chapeau,*
> *On n'retrouva que son chapeau,*
> *Son garde-pipe et son-on couteau,*
> *Mon tradéri tra trou lon la*
> *Mon tradéri tra lanlai-ai-aire !*

Trois fils ! Et c'est tout ça qu'ils se partageront !
L'un aura le chapeau, trop large pour son front ;
Ça ne peut plus servir qu'à demander l'aumône.
Le plus petit prendra l'étui de cuivre jaune ;
Et l'aîné gardera pour l'heure des repas
Le couteau qui coupait le pain qu'il n'aura pas.

Ah ! l'on rêvait pour eux des existences douces,
Hein ! la mère ! A présent qu'en fera-t-on ? Des mousses.
Et tout de suite ! Avant leurs douze ans, embarqués !
Ou bien ça s'en irait mendier sur les quais.
Quant à la veuve, pas même ce qu'ont les autres :
La consolation des lentes patenôtres
Que sur un tertre vert on verse avec ses pleurs
En y mettant un brin de buis, un pot de fleurs !
Car son homme aura bien un coin au *champ d'avène*,
Sous ces mots : *Mort en mer ;* mais dans la bière vaine
Le corps ne sera pas en terre sous la croix.
Le corps, le pauvre corps, les flots profonds et froids
Le roulent maintenant au hasard des marées,
Parmi les prés voguants des algues démarrées
Où paissent les poissons qui mettront en lambeaux
Tous ses membres épars dans de vivants tombeaux.
Et nul ne lui fera son lit pour qu'il y dorme.
Il ne restera rien de lui, rien de sa forme,
Rien qui de ce qu'il fut garde le souvenir,
Rien qu'on puisse revoir, rien qu'on puisse bénir.
Il ne restera rien de lui, que sa pauvre âme
Qu'on entendra pleurer les nuits où la mer brame.

> *Son garde-pipe et son couteau,*
> *Son garde-pipe et son couteau,*
> *Et son sabot flottai-ait sur l'eau,*

Mon tradéri tra trou lon la,
Mon tradéri tra lanlai-ai-aire.

Ah! les enfants sans père et le noyé hideux!
Nous étions trois, et nous ne sommes plus que deux.
Comme il flotte sur l'eau, le sabot solitaire!
Ah! pêcheur qui t'en vas, pourquoi fuis-tu la terre?
Ainsi parlent les morts par la bouche des flots.
Ainsi dit la chanson que rhythment leurs sanglots.
Oui, pourquoi t'en aller sur la vague si fausse,
Toi qui sais que son creux peut devenir ta fosse?
Pourquoi toujours voguer, pour finir comme nous
Dans cette tombe où nul ne mettra les genoux?
Ah! pêcheur qui t'en vas, reste donc sur la terre.
Ne vois-tu pas sur l'eau le sabot solitaire?
Mais la voix du pêcheur plus proche a retenti.
Il revient en chantant comme il était parti;
Revient ce soir, et pour repartir à l'aurore.
Quand il repartira, c'est en chantant encore,
Toujours brave, toujours d'un cœur insoucieux,
Sur l'infini des eaux, sous l'infini des cieux.
Ses filets sont posés. La mer grossit. N'empêche
Qu'il est sûr pour demain de faire bonne pêche.
La femme et les petits ne manqueront de rien.
Il chante. Ah! ce métier de chien, de galérien,
On l'aime, on l'aime tant, d'une amour si têtue!

C'est la mer qui vous plaît, cette mer qui vous tue.
Elle sait vous manger, mais aussi vous nourrir.
On en a tant vécu qu'on en peut bien mourir !
Et le pêcheur, tout près d'arriver à la côte,
Reprend l'air d'une voix plus joyeuse et plus haute.

Nous étions deux, nous étions trois,
Nous étions deux, nous étions trois.

Va donc, le vent du nord, l'homme qu'un flot emporte,
La veuve en deuil, les gas orphelins, bah ! qu'importe !
La mer qui fait tout ça ne le fait pas exprès.
Puis, la mer avant tout, et les autres après !
Houp ! quand même, et gaîment, en marins que nous sommes !
Tant que la mer vivra, la mer aura des hommes.

XVII

LE SERMENT

Avec sa coiffe noire et sa figure pâle,
Ses yeux fixes, son pas brusque, sa voix qui râle,
Et les grands gestes fous de ses tremblantes mains,
Elle avait vraiment l'air d'un spectre ; et les gamins
Se sauvaient effarés quand au coin d'une rue
Ils la voyaient surgir comme une ombre apparue.
Toujours propre, d'ailleurs, des sabots au bandeau,
La toile reprisée et lavée à grande eau,
La coque sans un trou, la mâture complète,
Ainsi qu'un vieux bateau dont on fait la toilette ;
Et l'on devinait bien, rien que par son gréement,
Que ce corps n'avait pas en tout l'esprit dément.
A vrai dire, elle était avisée, économe,
Et travailleuse, et dure au travail comme un homme ;
Mais, sombre et vague même aux instants les meilleurs,
Son âme paraissait toujours partie ailleurs.

Pourtant elle aurait pu, sans regrets ni chimères,
Vivoter comme une autre, au juger des commères.
Etant sœur, mère, veuve et fille de marins,
L'État à ses vieux ans faisait des jours sereins,
Comme il sied ; car on sait qu'il rend avec usure.
Pour payer son logis dans un coin de masure,
Nourrir son petit-fils et manger de surcroit,
Grâce à trois pensions ensemble elle avait droit
A trente francs et des centimes par trimestre.
Avec quoi, du premier janvier à Saint-Sylvestre,
Sans demander l'aumône elle trouvait moyen
De subsister, et même en ménageant son bien.
Donc, qu'elle eût des raisons contre la destinée,
Soit ! Mais perdre le sens pour ça, quelle obstinée !
A toujours ruminer ainsi son deuil ancien
Et ne point s'accalmir, elle y mettait du sien !
Sans doute, elle avait eu de cruelles épreuves.
Quoi, cependant ? C'est là le sort de tant de veuves !
Tant d'autres ont rempli de leurs cris superflus
La grève où l'on attend ceux qu'on ne revoit plus !
Tant d'autres ont souffert, dont la douleur s'envole !
Elle, la sienne était restée. Elle était folle.
Elle avait tour à tour dans les flots et les vents
Perdu, si bien portants au départ, si vivants,
Père, frères, mari, tous morts sans funérailles,
Et cinq braves enfants sortis de ses entrailles.

Maintenant, au foyer vide, autrefois si plein,
Elle demeurait seule avec un orphelin,
Son petit-fils, dernier de toute cette race.
Pour le défendre, lui, contre la mer vorace,
Elle avait refusé, pauvre, qu'il profitât
De l'école gratuite où sont pris par l'Etat
Les orphelins des gens de mer morts au service.
Qu'il y fût élevé pour devenir novice,
Oh ! non, jamais ! Lui, lui, courir les flots hideux !
Non, pas de ça ! Plutôt crever de faim tous deux !
Car sa folie était contre la mer. En elle
C'est comme une ennemie atroce et personnelle
Qu'elle voyait. La mer était quelqu'un, pour sûr,
Avec des cris d'orage et des rires d'azur.
Elle la détestait du profond de son âme,
Et ne se gênait pas pour le dire à l'infâme
Qu'elle venait toujours aux heures de gros temps
Lapider de galets et de mots insultants.
Elle y menait l'enfant, et là, fauve, hagarde,
Dans le fracas du flux elle clamait : — Regarde !
C'est celle-là qui prend les hommes, les maris,
Les pères, les fils, tout ! C'est elle qui t'a pris
Ton père après m'avoir pris le mien, la méchante.
Oh ! n'écoute jamais, petit, ce qu'elle chante.
C'est une gueuse, c'est une sorcière. Un jour
Elle t'appellera pour lui faire l'amour.

Car elle appelle ainsi tous les mâles sur elle,
La maudite putain, la vieille maquerelle.
Elle t'appellera doucement, par ton nom,
En faisant pst ! pst ! Dis, tu lui répondras non,
Mon gas ? Tu n'iras point là-bas comme les autres.
Tu lui diras d'abord de te rendre les nôtres,
Et qu'elle est une gouine, et le vent un bandit,
Et que c'est moi, ta grand'mère, qui te l'ai dit.
Et si pour t'attirer, levant ses jupes vertes,
Elle t'offre son ventre et ses cuisses ouvertes,
Tu cracheras dedans pour lui montrer le cas
Qu'il faut en faire. Dis, tu n'iras point, mon gas ?
Jure-le, jure ! — Et lui, soûlé par sa colère,
Jetait aussi dans l'eau des galets pour lui plaire,
Et jurait par serment, en crachant vers le flot,
Qu'il ne serait jamais pêcheur ni matelot.
Ces jours-là, la grand'mère avait le cœur moins sombre,
Et quand, le soir venu, devant l'âtre plein d'ombre
Elle s'assoupissait à tricoter son bas,
C'est presque en souriant qu'elle grognait tout bas :
— Non, tu ne l'auras pas, celui-là, sale garce ! —
Mais les échos du large en leur haleine éparse
Apportaient au sommeil de l'enfant qui rêvait
Tous les bruits de la mer chantant à son chevet.
Dans ces vagues rumeurs il lui semblait entendre
Des siens qui l'appelaient la voix lointaine et tendre,

Ses oncles, son grand-père et son père ; et ceux-là
Lui disaient : — Nous l'aimions, cette mer. Aime-la!
Crois-nous et n'en crois pas ta folle de grand'mère.
La mer est aussi douce, enfant, qu'elle est amère.
Ses flots mobiles, c'est notre patrie à nous.
Va, laisse les terriens entrer jusqu'aux genoux
Dans la terre boueuse où leur pied prend racine.
Ils ont peur de la mer comme d'une assassine.
C'est que pour en sentir les rudes voluptés
Il faut des reins vaillants et des cœurs indomptés ;
Il faut, ainsi que toi, libre des terreurs vaines,
Avoir du brave sang de marin dans les veines.
N'est-ce pas, notre gas, que ce sang-là souvent
Te fait battre le pouls par les soirs de grand vent,
Et que ça te plairait d'aller sous les étoiles
Ecouter la chanson que ce vent chante aux voiles ?
Dis, notre gas, dis-le, que tu n'as peur de rien,
Que tu ne seras pas failli chien de terrien,
Que tu t'embarqueras comme un fils de vrais hommes,
Quitte à venir un jour nous rejoindre où nous sommes!
Crois-tu donc, après tout, qu'on soit si malheureux
De mourir dans les flots, ayant vécu sur eux ?
Non, non. Et puis, vois-tu, ses instants de folie
N'empêchent pas la mer d'être la mer jolie,
Pays de l'aventure et de la liberté.
Rien n'en dégoûte plus quand on en a goûté.

La soif qu'on y prend, seule, elle la désaltère.
S'il nous était donné de revenir à terre,
Nous tous qui l'aimions tant, nous tous qu'elle a déçus,
Nous ne demanderions qu'à repartir dessus. —
Ainsi, par d'autres mots encor, dans une langue
Dont je traduis en vain l'éloquente harangue,
Ses ancêtres venaient pour l'enfant endormi
Rendre à la mer cruelle un témoignage ami.
Lentement il sentait sourdre au fond de son être
L'irrésistible et fou désir de la connaitre ;
Et contre sa grand'mère il lui donnait raison.
Triste, enchaîné dans son serment comme en prison,
Il n'osait raconter à la vieille son rêve ;
Mais il allait parfois, seul, s'asseoir à la grève ;
Et devant cet espace où jamais il n'irait,
Amoureux de la mer, il pleurait en secret.
Un jour, enfin, il n'y put tenir davantage.
Il avait quatorze ans. Les autres, à cet âge,
Étaient mousses à bord et naviguaient déjà.
La vieille allait mourir. Cela l'encouragea.
Il comprit qu'il n'aurait jamais l'âme assez forte
Pour tenir son serment, la grand'mère étant morte,
Et qu'il serait parjure, et qu'il valait bien mieux
Lui confier la chose en lui fermant les yeux.
Qui donc de ce serment que trahirait son zèle
Pouvait le relever, si ce n'était pas elle ?

Il le fallait. Alors, simple et grave, il parla.
L'ancienne eut un sursaut en entendant cela.
— Qui ? Toi, partir ? Voyons, tu deviens fou, j'espère ;
T'embarquer, toi ? — Mais lui : — Je suis fils de mon père
Où les miens sont allés je dois aller aussi.
— Ah ! la gueuse, fit-elle, elle a donc réussi !
Elle me prendra donc toute ma poussinière,
Tout mon sang goutte à goutte et jusqu'à la dernière
— Grand'mère, écoutez bien. Je mourrai sûrement
S'il me faut vivre à terre et tenir mon serment. —
Et comme elle pleurait, il lui dit à l'oreille :
— Otez-moi mon serment. — Jamais chose pareille.
Jamais ! Moi, t'envoyer moi-même où trépassa
Ton père ! Non, jamais ! Ne demande pas ça !
— Je serai donc parjure. — Oh ! non, non ! Je préfère...
La salope, pourtant, ce qu'elle leur fait faire !
C'est bon ! soit ! Ne tiens pas ton serment. Tu mourras
Comme les autres, sur son ventre et dans ses bras.
Tous, tous, vous y passez, et vous crevez sur elle.
— Eh ben ? quoi, reprit-il, c'est la mort naturelle. —
La vieille marmotta quelques mots d'oraison,
Puis soupira très-bas : — Dire qu'il a raison ! —
Et l'enfant hasardeux, fils des races marines,
Ajouta fièrement en gonflant ses narines,
Tandis qu'elle râlait les suprêmes sanglots :
— C'est comme ça qu'on est, nous autres matelots !

ÉTANT DE QUART

I

PRÉLUDE

Te voilà de quart, pilotin,
Jusqu'à quatre heures du matin.
Pour rendre les minutes brèves,
Que faire en guignant le compas?
Sommeiller? Tu ne le dois pas.
Rêver? Oui. Vas-y de tes rêves !

Ecoute filer dans la nuit
L'air qui brise, le flot qui luit
Et le bateau qui se balance,
Et tâche à filer des chansons
Suggestives comme leurs sons,
Troublantes comme leur silence.

II

LES ÉCUS DE LA LUNE

La lune au ras des flots étincelants
Casse en morceaux ses jolis écus blancs.
       Bon sang! que de pécune!
Si ton argent, folle, t'embarrassait,
Pourquoi ne pas le mettre en mon gousset,
       Ohé, la Lune?

Ohé, la Lune! Écoute un peu, voyons!
Et soudain tombe un paquet de rayons.
       Mais, las! quelle infortune!
Ça tomba sur mon crâne. Il se fêla.
Et ma cervelle a pris son vol par là...
       Ohé, la Lune!

III

LE CATAFALQUE

Dans le calme et dans les ténèbres
Le bateau prend des airs funèbres.
Le pont, oblong, bombé, tout blanc.
A babord, à tribord, deux ternes
Et mystérieuses lanternes.
Les flots larmés à chaque flanc.

Catafalque ! Cercueil de vierge
Que flanque à droite, à gauche, un cierge.
Au-dessus, un dais noir : les cieux.
Mais l'église est vide. Personne !
Et seul j'assiste et je frissonne
Au requiem silencieux.

IV

LE MARGAT

Engourdi de froid sous ma capote,
Battu par la pluie et par le vent,
Je regardais l'eau qui sur l'avant
En paquets d'embrun saute et clapote.

La mer était dure, et par dessous
Se gonflait avec d'étranges râles.
Les flots ténébreux et pourtant pâles
Avaient dans la nuit l'air d'hommes soûls.

Dire que cette onde est maternelle !
Au creux des remous, puis au sommet,
Voguait un margat. Il y dormait,
Calme, ayant sa tête sous son aile.

Pare à prendre un ris ! Deux ris ! trois ris !
La brise plus bas vient de descendre.
Les flots maintenant couleur de cendre
Font de gras rubans moirés de gris.

Nous allons danser. La lame est brève.
Combien boiront là leur dernier coup !
Mais l'oiseau, son aile sur son cou,
Sans se réveiller poursuit son rêve.

O mer, à la fois rage et douceur,
Qui saura jamais ton âme entière ?
Ce qui peut nous être un cimetière
Est pour le margat un nid berceur.

V

LE BAISER DU VENT

Je sais pourquoi tu geins toujours, grande pleureuse,
Inconsolable mer qui geins même en rêvant,
Et quel rêve impossible et quel vœu décevant
Gonflent de lourds sanglots ta chanson douloureuse.

Oui, je sais ton secret, ô mer, vaine amoureuse
Du mâle insaisissable et volage, le vent.
C'est vers lui, ce fuyard, que tu vas soulevant
Ta croupe qu'il soufflette et ton ventre qu'il creuse.

Tu voudrais l'arrêter, retenir dans leur cours
Ses galops essoufflants qui te semblent trop courts.
Mais son baiser d'oiseau t'effleure et se dérobe.

Et tandis que ce beau don Juan, vite repu,
Court vers quelque nuée et lui trousse la robe,
Tu n'achèves jamais ton spasme interrompu.

VI

OISEAUX DE TEMPÊTE

Quand la mer est douce aux régates,
On n'y voit que des goëlands,
Qui planent, paresseux et lents,
Chatoyants comme des agates.

Les poissons morts et les morgates
Vont à ces pêcheurs indolents.
Mais il faut l'orage aux élans
Des albatros et des frégates.

Car pour ces fous la volupté
C'est de fouetter le vent dompté
Et la vague qui se démène.

Ainsi les grands cœurs arrogants
Ne sortent de la foule humaine
Qu'aux heures troubles d'ouragans.

VII

IL ÉTAIT UNE FOIS

Il était une fois jadis
Trois petits gueux sans père et mère.
C'est sur l'air du *de profundis*
Qu'on chante leur histoire amère.

Ils avaient soif, ils avaient faim,
Ne buvaient, ne mangeaient qu'en rêve,
Quand ils arrivèrent enfin
A demi morts sur une grève.

L'Océan leur dit : — C'est ici
Que va finir votre fringale.
Mangez ! Buvez ! Chantez aussi !
Soyez gais ! C'est moi qui régale. —

Et les trois pauvres goussepains
Qui n'avaient jamais vu de grève,
Ont contemplé des pains, des pains,
Et de l'eau, plus que dans leur rêve.

Sans chercher, sans se déranger,
Ils avaient la table servie,
De quoi boire et de quoi manger
Tout leur soûl et toute leur vie.

Hélas ! les jolis pains mollets
A la croûte ronde et dorée,
C'était le désert des galets
Jaunis par l'or de la soirée.

L'eau claire et pure, l'eau sans fin,
C'était l'eau de la plaine amère.
Ils sont morts de soif et de faim,
Les trois petits sans père et mère.

Cette histoire est du temps jadis.
Une vague me l'a narrée
Au rhythme du *de profundis*
Que leur chante encor la marée.

VIII

ADIEU

— O marinier joli, je veux passer l'onde ;
Je veux voir avec toi les pays chantants
Où les beaux amoureux sont toujours constants...
— Le soleil est tombé dans la mer profonde.

— O marinier joli, je suis jeune et blonde.
Ouvre-moi ton hamac. Nous y dormirons.
Tu poseras ta tête entre mes seins ronds...
— Le soleil est tombé dans la mer profonde.

— O marinier joli, sans qu'on me réponde
Faudra-t-il me coucher dans l'eau pour linceul ?
Tu m'as promis passage, et tu t'en vas seul...
— Le soleil est tombé dans la mer profonde.

IX

LES DEUX SŒURS

Mon regard vague tour à tour monte et descend...
Sous l'eau noire, à babord, disque phosphorescent !
A tribord, dans le ciel sombre, disque d'opale !
Lequel est le plus rond ? Lequel est le plus pâle ?
Ici c'est la méduse, ombelle aux pieds flottants,
Cloche silencieuse à bouquet de battants ;
Et là-haut c'est la lune à la frange diffuse.
Mais chacune à la fois paraît lune et méduse.
Ayant forme pareille et pareille douceur,
On dirait une sœur qui sourit à sa sœur,
Tant que je crois enfin, prenant l'autre pour l'une,
Voir la méduse au ciel et sous l'eau voir la lune.

X

BAISERS PERDUS

Pauvres voyageurs las qui vont cherchant fortune.
Des oiseaux de passage au mât se sont posés,
Et leur chant retentit par les airs accoisés
          Dans la hune.

Vers son pâle amoureux gonflant sa gorge brune,
La mer envoie au ciel ses vœux inapaisés.
Des lèvres de ses flots monte un vol de baisers
          A la lune.

Pauvres voyageurs las, vous trouverez fortune.
Vous oublierez vos maux aux pays embrasés,
Là-bas ! Et c'est de quoi si gaîment vous causez
          Dans la hune.

Mais toi, mer, à quoi bon gonfler ta gorge brune ?
De l'astre qui te fuit tes beaux seins méprisés
Se soulèvent en vain vers les lointains baisers
           De la lune.

Heureux le simple cœur qui va cherchant fortune
Avec des rêves sûrs d'être réalisés !
Il est joyeux ainsi que ces oiseaux posés
           Dans la hune.

Moi, j'ai, comme la mer gonflant sa gorge brune,
D'impossibles désirs, des vœux inapaisés,
Et je prodigue aussi d'inutiles baisers
           A la lune.

XI

LA COLÈRE DU BATEAU

Béni soit ce joli quart !
Peu de brise. Pas d'écart.
      Mer confite.
Je peux, tout en m'étirant,
Rimer quatre heures durant.
      J'en profite.

Je vais en des vers très courts
Mettre le très long discours,
      La harangue,
Qu'en partant ce bateau-là
Me fit le jour qu'il parla
      Dans sa langue.

Écoutez de point en point,
Et si vous ne croyez point
　　Mon histoire,
C'est que vous êtes terrien.
Un terrien ne croit à rien,
　　C'est notoire.

★

Tout à bord est embarqué.
Le bateau, quittant le quai,
　　Se balance,
Et, tandis qu'il prend le vent,
On entend auparavant
　　Du silence.

Puis, soudain des bruits se font
Dans ce silence profond.
　　Le mât plie ;
La toile claque au plus près ;
Un fil tend sur un agrès
　　Sa poulie ;

Et la coque sourdement
Pousse un rauque grondement.
  Voix touchante,
C'est toi, bateau, qui gémis.
Or voici, pour ses amis,
  Ce qu'il chante.

★

Sur les flots bons ou mauvais
Toujours et toujours je vais.
  Où donc vais-je ?
Ces mathurins casse-cou
Me mènent au Mexique ou
  En Norwège.

On part. Moi, je ne sais pas
Quel point marquent leur compas,
  Leur boussole.
Ce sont des maîtres méchants.
Seul, le mousse avec ses chants
  Me console.

Dans le calme noir des nuits
Il me conte ses ennuis.
   Mais qu'importe?
Lui non plus, l'enfant martyr,
Il ne voudrait pas partir.
   Je l'emporte.

Je l'emporte, sanglotant.
Il me maudit. Et pourtant,
   Seul je l'aime.
Seul je comprends son chagrin,
Quand moutonne sous un grain
   L'onde blême.

Comme lui je hais les flots
Où la main des matelots
   Me ballotte,
Où je cours contre mon gré,
Virant au geste exécré
   Du pilote.

Comme lui je hais la mer,
Et contre son fiel amer
   Je réclame,

Poison gluant que je bois
Par tous les trous de mon bois,
Jusqu'à l'âme.

Comme lui je cherche encor
Le lointain et cher décor
De la terre,
Et comme lui je me sens
Sur ces gouffres mugissants
Solitaire.

Je n'étais pas né non plus
Pour souffrir flux et reflux,
Pour connaitre
Ces tourmentes, ces effrois,
Cette eau qui de baisers froids
Me pénètre.

Dans le sol j'avais les pieds.
Ils les ont estropiés
Par la hache.
Ils ont fait, ces nains morveux,
De mes branches des cheveux
Qu'on arrache.

Ils ont planté dans mon sein
Un coin de fer assassin
    Qui crevasse.
De leur scie au cri moqueur
Ils m'ont scié jusqu'au cœur
    Tout vivace.

Ah! j'étais bon, cependant.
Avec mon abri pendant
    Sur leurs têtes,
J'étais un abri pour eux,
Marcheurs, rêveurs, amoureux,
    Gens et bêtes.

Ah! j'étais fier, cependant!
Contre l'orage grondant,
    Sentinelle,
Je me tenais droit et fort,
Et mes poings cassaient l'effort
    De son aile.

Ah! j'étais beau, cependant!
Je florissais, étendant
    Dans l'espace

Mes cent bras tout grands ouverts
Où le vent rhythme des vers
    Quand il passe.

Ils m'ont tué cependant !
Et je vais, en attendant
    D'être épave,
Ainsi qu'un tas de bois mort
Sur qui le flot tantôt mord,
    Tantôt bave.

Je vais où cela leur plait.
Ces nains, je suis leur valet
    A la chaine.
Ces nains, je leur obéis,
Moi, le roi de leur pays,
    Moi, le chêne !

Mais je saurai me venger.
Toujours, les nuits de danger,
    Je regarde
Pour trouver enfin l'écueil.
J'ai la forme d'un cercueil.
    Prenez garde !

Une nuit que vous serez
Affolés, désemparés
    Sous la brise,
Vous sentirez brusquement
S'effondrer le bâtiment
    Qui se brise.

Alors, pleins d'un vain remord,
Illuminés par la mort
    Si prochaine,
Vous comprendrez qu'il fallait
Laisser pousser comme il est
    Le vieux chêne.

★

Ainsi, triste et mécontent,
Le bateau crie en partant.
    Mais le mousse
Chante sa chanson. Sa voix
Enfantine est à la fois
    Rauque et douce.

Et voyant, lui, l'inhumain,
Que la peine du gamin
    Est amère,
Le bateau calmé se dit :
— Bah ! je rendrai ce bandit
    A sa mère.

XII

FRISSONS D'AMOUR

Dans l'ombre autour de moi vibrent des frissons d'amour.
Venu je ne sais d'où parmi les senteurs salines
Traîne un vol de parfums, œillets, roses, miel, prâlines.
Le vent voluptueux roule un chœur de voix câlines.
Dans l'ombre autour de moi vibrent des frissons d'amour.
Pourtant, la terre est loin, la terre où sont les maîtresses.
Adieu, bagne, où vaincu m'avaient enchaîné leurs tresses !
J'ai repris en lambeaux mon cœur aux dents des ogresses.
Dans l'ombre autour de moi vibrent des frissons d'amour.
Ah ! votre souvenir soûle encor mon sang de mâle.
Voix, parfums, laissez-moi ! Toi, lune, va-t'en ! Sein pâle,
Ventre blanc, chair ! Pitié ! Ne vous vengez pas ! Je râle !...
Dans l'ombre autour de moi vibrent des frissons d'amour..

XIII

VOIES LACTÉES

L'espace est pur, et les étoiles y sont toutes.
D'où vient donc ce grand bruit de pluie à larges gouttes ?
Ah ! j'y suis !... La mer *lampe*, et c'est le bruit des rangs
Où vont tumultueux les *bouillons* de harengs.
O caravane en long ruban clair, tu ruisselles
Comme un torrent de lait pétillant d'étincelles,
Et là-bas, aussi loin que puissent voir mes yeux,
Tu te joins à celui qui coule dans les cieux ;
Et la Nuit et la Mer en nourrices jumelles
Semblent verser de leurs invisibles mamelles
Ce lait doux que bientôt va boire en souriant
Le soleil rose qui s'éveille à l'orient.

XIV

L'OUBLIEUX

O bateau, roi des galants,
Sous toi la vague se creuse,
Et dans sa rage amoureuse
Ses genoux serrent tes flancs.

Tu réponds à ses caresses,
O bateau, roi des coureurs.
Tu rends fureurs pour fureurs.
Elle t'étreint. Tu la presses.

Quand son amour cependant
T'accable, tu t'en soulages,
O bateau, roi des volages,
Qui veux vivre indépendant.

Roi des don Juans sans rebelles,
Tu prends le plaisir donné ;
Puis après, le dos tourné,
Tu vas trouver d'autres belles.

Tu ne les revois jamais,
Celles qui disaient : « Il m'aime ! »
Tu ne t'en souviens plus même.
Dis comment tu les nommais ?

Bienheureux qui suit ta mode,
Bateau, roi des oublieux,
Et se contente en tous lieux
De la volupté commode !

Bienheureux, et sage aussi,
Qui ne jouit que de l'heure,
Comme toi que rien ne leurre,
Bateau, roi des sans-souci !

Cela vaut mieux que de vivre
En empoisonnant son cœur
De regrets et de rancœur...
Bienheureux qui s'en délivre,

Et boit avec des guenons
Le vin des grosses ivresses
A la santé des maitresses
Dont il ne sait plus les noms !

XV

QUATRE HEURES DU MATIN

Au firmament teinté de rose et de lilas
On dirait qu'une main nonchalante et distraite
De l'aurore endormie ouvre la gorgerette
Et découvre le sein voilé de falbalas.

Mon quart est fait. Je vais me coucher. Je suis las.
Mais avant, toi que j'aime et que mon œil regrette,
Je veux te dire adieu, céleste pâquerette,
Dernière étoile qui dans l'ombre étincelas.

Adieu, jusqu'à ce soir, fleur du jardin nocturne,
Dont le calice clair, incliné comme une urne,
Versait à mes regards son vin de rayons blancs.

Adieu ! Ton feu pâlit dans l'air plus diaphane ;
Et repliant sur toi tes pétales tremblants,
Parmi les prés d'azur ton bouton d'or se fane.

XVI

JOLIS FLOTS

— Jolis flots, voulez-vous m'entendre ?
Dites-moi qui vous a donné
Cette couleur d'un vert plus tendre
Qu'un arbre en avril bourgeonné.

— Ce vert où l'aile de ton rêve
Se teint d'espérance, ce n'est
Que notre fiel qui toujours crève,
Toujours crève et toujours renaît.

— Jolis flots, voulez-vous encore
Me dire d'où vous vient souvent
L'éclat soyeux qui vous décore
Quand votre azur se moire au vent?

— Regarde mieux nos fronts arides.
Quand nous flottons comme un drapeau,
Cette moire, ce sont des rides
Aux plis flasques de notre peau.

— Jolis flots, comme des bergères,
Paissant vos moutons, vous chantez.
Leurs toisons d'écumes légères
Vous font des flocons argentés.

— A l'aube des temps nous vécûmes,
Et c'est pourquoi jusqu'à nos flancs
Ce que tu nommes des écumes
Pend en mèches de cheveux blancs.

— Jolis flots, si jeunes quand même,
Je veux ouvrir vos cœurs fermés.
Mais j'aimerais aimer qui m'aime.
Dites-moi donc si vous m'aimez.

— Ni toi, ni personne. Cœurs vides
Où ne bat que la trahison,
Vieux Judas aux lèvres livides,
Notre baiser est un poison.

— Jolis flots de la mer jolie,
Ah! cependant j'étais tout prêt
A verser ma mélancolie
Dans votre âme qui la boirait.

— S'il s'agit de vomir ta bile,
Voici nos gueules de crapauds,
Voici notre gouffre mobile
Où dort l'immobile repos.

— Jolis flots, c'est cela. Sans trêve
Roulez-moi dans vos goëmons.
Oui, vous avez compris mon rêve.
Vous voyez que nous nous aimons!

— Viens, alors, viens! Plus ne diffère,
Et jouis sans peur ni remords
Du seul bien que puisse te faire
Notre amitié de croque-morts.

XVII

LARMES

Pleurons nos chagrins, chacun le nôtre.
Une larme tombe, puis une autre.
Toi, que pleures-tu? Ton doux pays,
Tes parents lointains, ta fiancée.
Moi, mon existence dépensée
      En vœux trahis.

Pleurons nos chagrins, chacun le nôtre.
Une larme tombe, puis une autre.
Semons dans la mer ces pâles fleurs.
A notre sanglot qui se lamente
Elle répondra par la tourmente
      Des flots hurleurs.

Pleurons nos chagrins, chacun le nôtre.
Une larme tombe, puis une autre.
Le flux de la mer en est grossi
Et d'une salure plus épaisse,
Depuis si longtemps que notre espèce
      Y pleure ainsi.

Pleurons nos chagrins, chacun le nôtre.
Une larme tombe, puis une autre.
Peut-être toi-même, ô triste mer,
Mer au goût de larme âcre et salée,
Es-tu de la terre inconsolée
      Le pleur amer.

XVIII

DANS LE BROUILLARD

Ciel d'encre. Flots de poix. Foutu quart de brume !
La mer épaisse colle aux flancs du bateau
En gargouillant ainsi que lorsqu'on fait eau.
Dans l'air visqueux et sourd la cloche s'enrhume.

Tout grillé que je suis, il fait mucre et froid.
Je sens m'entrer partout ce noir qu'il faut fendre.
Je suffoque, engoncé comme en un scaphandre,
Cuirassé d'un prélart, casqué du suroit.

On croirait respirer des paquets de plume.
Des lunettes de plomb vous bouchent les yeux.
Le feu blanc du grand mât semble au fond des cieux
Un astre qui, lointain, meurt et se rallume.

Soudain, tout près de nous, un sanglot dolent
En sons entrecoupés râle et s'effiloche.
A babord ? A tribord ? Qui sait ? Tinte, cloche.
Un grand fantôme gris passe en nous frôlant.

Ohé, l'ami, bonsoir ! Ta cloche s'enrhume.
Nous nous sommes donné tous deux de l'émoi.
Bonsoir, vieux, sans nous voir. De quart comme moi?
Ciel d'encre. Flots de poix. Foutu quart de brume !

XIX

L'ÉTOILE DU NORD

Cinquante ans d'efforts persistants
Et de course qui s'accélère,
Un demi-cycle séculaire,
Voilà donc ce qu'il faut de temps

Pour que les rayons éclatants
De la blanche étoile polaire
Qui nous conduit et nous éclaire
Arrivent à nous. Cinquante ans !

O phare du céleste hâvre,
Ainsi tu serais un cadavre
Aux feux éteints, aux flancs vidés,

Que dans notre foi coutumière
Nous serions encore guidés
Par ta survivante lumière !

XX

ENCORE ELLE

Puis, quand même viendrait ce funèbre moment
Où ton âme, quittant un corps qui se crevasse,
Devrait s'évanouir à jamais de ta face,
Ta place resterait marquée au firmament.

Vers ce trou noir, privé de ton scintillement,
Toujours et malgré tout et quoi que l'ombre y fasse,
Toujours se tournera dans son amour vivace
L'invincible désir qui jaillit de l'aimant.

De cette amour fidèle et qu'il te garde entière,
Toujours il trouvera dans le grand cimetière
La tombe obscure et chère où tu reposeras,

Et sans qu'à t'oublier jamais on se résigne
Nous lèverons encor nos regards et nos bras
Vers la place immuable où son doigt nous fait signe.

XXI

ELLE TOUJOURS

Car ce serait assez pour que l'on te bénît,
Sainte étoile du nord, si tu n'étais qu'un phare,
Toi par qui les bateaux, quand leur aile s'effare,
Sont en un sûr chemin ramenés à leur nid.

Quelquefois cependant le phare se ternit,
Et l'heure où de rayons son feu nous est avare,
C'est l'heure où l'ouragan soufflant dans sa fanfare
Pousse au galop sur nous son cheval qui hennit.

Mais quoi ! Même à cette heure, et sans que l'on te voie,
Aux matelots perdus montrant toujours la voie,
Tu guides dans la nuit l'aiguille du compas ;

Et c'est toi, toujours toi, que nous voyons en elle,
Ancre immobile, dont le câble ne rompt pas,
Ancre jetée au fond des cieux, ancre éternelle !

XXII

CLAMAVI

Appelle dans l'ombre, appelle !
C'est le vent qui te répond.
Pas de messe à la chapelle
    De l'entrepont !

La mort vous refera vierges,
Ténèbres de ses rideaux.
Mais personne entre deux cierges
    N'est sur le dos.

L'aimée est toujours aimante.
Ce n'est pas encor jadis.
Oh ! quand donc ta voix charmante,
    De profundis ?

XXIII

L'INSAISISSABLE

J'ai vu celui que rien ne figure,
Qui sans se montrer vient comme il par
Qui court partout et n'est nulle part,
Qui remplit le ciel d'une envergure.

J'ai vu celui qui passe à travers
L'espace en chantant et qui s'envole
Sans que jamais de sa chanson folle
On ait entendu le dernier vers.

J'ai vu celui dont la voix farouche,
Plus haut que la foudre et que les flots
Jetant des cris, poussant des sanglots,
Rugit sans poumons, souffle sans bouche.

ÉTANT DE QUART

J'ai vu rouler parmi les remous,
Ceux de la nuée et ceux des vagues,
Comme une tête aux prunelles vagues,
Et des mains sans bras aux gestes mous.

J'ai vu celui qui n'a point de face,
Et qu'on cherche en vain d'un œil hagard,
Car aussitôt qu'on a le regard
Arrêté sur lui, brusque, il s'efface.

Insaisissable, obscur, décevant,
Je m'imaginais le voir, le rendre ;
Mais au moment où j'allais le prendre,
Je ne l'ai plus vu. C'était le vent.

Pourtant, il est. Il respire. Il clame.
Il dit quelque chose. Écoutez !... Si !
Écoutez mieux. N'est-ce pas ceci :
— La terre est un corps, et j'en suis l'âme.

XXIV

A LA DÉRIVE

La mer pleure une cantilène
Sur d'invisibles violons.

Je n'aimerai plus Madeleine.
Tanguis, tanguons ! Roulis, roulons !
Les nuits sont courtes, les jours longs.

La mer pleure une cantilène
Où passent, railleurs, des flonflons.
Tanguis, tanguons ! Roulis, roulons !

Mais c'est de sanglots qu'elle est pleine.
Elle et moi nous nous désolons.
Les nuits sont courtes, les jours longs.

Je n'aimerai plus Madeleine.
Mieux vaut courir les Madelons.
Tanguis, tanguons ! Roulis, roulons !

Mais je sens passer son haleine
Et vois flotter ses cheveux blonds.
Les nuits sont courtes, les jours longs.

A son parfum de marjolaine
J'ai frémi du crâne aux talons.
Tanguis, tanguons ! Roulis, roulons !

Cheveux d'Aphrodite et d'Hélène !
Or plus roux des secrets vallons !
Les nuits sont courtes, les jours longs.

Pourquoi trahir la châtelaine ?
A cause de ses yeux félons.
Tanguis, tanguons ! Roulis, roulons !

La mer pleure une cantilène
Où la belle et moi nous râlons.
Les nuits sont courtes, les jours longs.

Je n'aimerai plus Madeleine.
Tant pis ! Vieux habits, vieux galons !
Tanguis, tanguons ! Roulis, roulons !

Mon cœur est un flocon de laine
Qu'emportent de noirs Aquilons.
Les nuits sont courtes, les jours longs.

La mer pleure une cantilène
Sur d'invisibles violons.

XXV

LES ILES ROSES

Sur la mer aux flots toujours féeriques
Partez en bateau, même en radeau.
On y trouve encor des Amériques,
On y trouve encor l'Eldorado.

Moi je vous ai vus, vierges rivages
Aux parfums calmants, aux bois épais,
Où chantent des chœurs d'oiseaux sauvages,
Où rêve l'oubli qu'endort la paix.

Vous tous qu'empoisonnent les névroses,
N'importe comment, partez, partez,
Et vous renaîtrez aux iles roses
Qu'arrosent toujours les vieux Léthés.

XXVI

CAUSERIES DE VAGUES

Voici ce que chante un vieux chant !
Les vagues parlent en marchant.

L'une dit à l'autre : Ma sœur,
Pour nous la vie est sans douceur.

Vois combien vite en est le cours !
A court passage, plaisirs courts !

Mais l'autre lui répond : Ma sœur,
Sa brèveté fait sa douceur.

A longue existence, longs soins !
Et vivre peu, c'est souffrir moins.

XXVII

CE QU'EN PENSE UN FLOT

Comme elle gémissait cela,
Brusque, un flot les interpella.

Les cheveux au vent, les yeux fous,
Il leur dit : Sottes, taisez-vous !

Vivre, c'est dépenser comptant
Toute sa vie en un instant.

Qu'importe avant? Qu'importe après?
On passe ou reste sans regrets;

Et le tout, c'est d'avoir goûté
Dans cet instant l'éternité.

XXVIII

TERRE !

O patience, ô saint trésor !
Tant fait-on de quarts que la nuit passe.
Tant suit-on les astres dans l'espace
Qu'enfin le soleil y prend l'essor.
Tant parle-t-on qu'il faut se taire.
Tant navigue-t-on qu'on voit la terre.

O patience, ô sûr recours !
La douleur veut vivre, âpre et têtue.
Le temps, de ses flèches d'or, la tue.
Les jours longs jadis se refont courts.
O temps, ô divin sagittaire !
Tant navigue-t-on qu'on voit la terre.

O patience, ô bonne sœur
Qui sur la blessure encor sanglante
Poses peu à peu de ta main lente
La fraiche caresse et la douceur.
    O temps, ô baume salutaire !
Tant navigue-t-on qu'on voit la terre.

    O patience, ô Séraphin,
Qui dans nos cœurs morts plantes ton glaive !
Ce fumier renait. Un germe y lève.
Il y reviendra des fleurs enfin.
    O temps, ô mot de ce mystère !
Tant navigue-t-on qu'on voit la terre.

    O patience, ô saint trésor !
Tant fait-on de quarts que la nuit passe.
Tant suit-on les astres dans l'espace
Qu'enfin le soleil y prend l'essor.
    Tant parle-t-on qu'il faut se taire.
Tant navigue-t-on qu'on voit la terre.

XXIX

DE RETOUR

Le temps que j'ai passé sur tes flots, mer jolie,
Reste cher à mon cœur comme son meilleur temps.
Je ne l'oublierai pas, quand je vivrais cent ans,
Et la douceur en moi n'en peut être abolie.

Ta tristesse fut tendre à ma mélancolie,
Ton amertume saine à mes vœux mal portants,
Et c'est toujours ta voix sereine que j'entends
Quand revient ma raison gourmander ma folie.

Je n'ai pas tout redit de tes bonnes chansons.
Car aux mailles des mots comment garder leurs sons
Et filtrer à travers des phrases leur mystère ?

Puis nous avons, sous les astres pour seuls témoins,
Echangé des secrets dont il vaut mieux se taire.
N'est-ce pas ce qu'on sent le plus qu'on dit le moins ?

XXX

POST-SCRIPTUM

Non, les chansons du vent et les chansons des vagues
A qui sait leur ouvrir son cœur, ne sont pas vagues ;
Cette mer impassible, elle connait l'émoi ;
Elle plaint, et console, et guérit, maternelle ;
Elle fait pour tous ceux qui s'épanchent en elle
      Ce qu'elle a fait pour moi ;

Mais il ne sied pas, fût-ce en confidences vagues,
Que soit prostitué ce que m'ont dit les vagues
Ni ce que je leur ai conté dans mon émoi ;
Et les plus doux accents de la mer maternelle,
Et les pleurs les plus fous que j'ai versés en elle,
      Je les garde pour moi.

LES GRANDES CHANSONS

I

LA VIEILLE

Ah! la vieille, la vieille, la vieille,
Qui croyait avoir quinze ans!

★

Elle est plus vieille que la terre,
Elle a le corps flasque et flottant.
Elle râle. C'est un mystère,
Qu'étant pareille, on l'aime autant.

Elle est la grande inassouvie
Dont les désirs inapaisés
Au feu d'une éternelle envie
Renaissent de tous les baisers.

Elle a des balafres, des rides,
Les cheveux et les poils tout blancs.
On meurt sur ses tétons arides
Sans pouvoir engrosser ses flancs.

Elle est la vieille et folle gueuse
Qui raccroche les pubertés
Aux coups de sa croupe fougueuse,
Entre ses genoux écartés.

Elle est la gouge aux dents cruelles
Qui dévore tous ses amants,
Et dont la couche a pour ruelles
Des gouffres remplis d'ossements.

Quand, tout visqueux de sa peau glauque,
On sort épuisé de ses bras,
Elle vous dit d'une voix rauque :
J'en veux encor. Tu reviendras.

Et l'on revient à l'amoureuse
Malgré ses éreintants assauts
Qui vous font la poitrine creuse
Et qui vous démoellent les os.

Elle est plus vieille que la terre,
Et pourtant on l'aime encor mieux.
Jamais on ne se désaltère
De la jeunesse de ses yeux.

★

Ah ! la vieille, la vieille, la vieille,
Qui paraît avoir quinze ans !

★

Pourquoi dire qu'elle est morose ?
Elle rit au ciel du matin
Qui fait chatoyer un feu rose
Sur sa robe de vert satin.

Pourquoi dire qu'elle est colère ?
La voici calme, sans brisants,
Obéissante, et qui tolère
Les coups d'un mousse de dix ans.

Pourquoi dire qu'elle est méchante ?
A flots menus et gringalets
Je la vois qui court, danse et chante
En jonglant avec les galets.

Pourquoi dire qu'elle est amère ?
C'est la plus douce aux indigents.
Deux fois par jour elle est la mère
Nourricière des pauvres gens.

Pourquoi dire qu'elle est sournoise ?
Elle n'a de sursauts nerveux
Que si le vent lui cherche noise,
La gifle et la prend aux cheveux.

Pourquoi dire qu'elle est traitresse ?
Vieux mathurin qui l'aimas tant,
Tu l'eus cinquante ans pour maîtresse
Et c'est elle encor qui t'attend.

Pourquoi dire qu'elle est féline ?
Barques légères, bateaux lourds,
Sans griffer elle vous câline
Entre ses pattes de velours.

Pourquoi dire qu'elle est funèbre ?
Au soleil, c'est un diamant ;
Et quand sa face s'enténèbre,
C'est le miroir du firmament.

★

Ah ! la vieille, la vieille, la vieille,
   Qui n'a pas plus de quinze ans.

★

Pourquoi dire qu'elle est jolie
Et fidèle à ses amoureux,
Et sans colère et sans folie
Et sans amertume pour eux ?

Pourquoi dire qu'elle est charmante,
Rose en robe de vert satin,
Et rieuse comme une amante,
Et claire, et douce, la catin ?

La voici soûle, échevelée,
Qui griffe, grince, cogne et mord,
Et hurle ainsi qu'une mêlée
Où tout le monde crie : A mort !

Ses vagues ont des langues vertes
Dardant leur bave vers le ciel,
Puis bâillent en gueules ouvertes
Aux babines couleur de fiel.

Ses galets qui roulent sans trêve
Au bord de son gosier béant
Font cataracter sur la grève
Des vomissures de géant.

Ses roches aux dents carnassières
Où s'étripent les matelots
Ont l'air de lubriques sorcières
Retroussant leurs jupons de flots.

Elle, la vieille au regard torve,
Aux crachats d'écume, aux seins mous,
Elle tord, tout gluant de morve,
Son ventre plissé de remous,

Et se rue au chenal des hâvres,
Son flux drapé comme un linceul,
En jonglant avec des cadavres
Dans un hideux cavalier seul.

★

Ah ! la vieille, la vieille, la vieille,
   Qu'a des ans, des ans, des ans !

★

Et puis après ? Pourtant, je t'aime,
O vieille enjôleuse, et je veux
T'avoir malgré mon anathème,
Et me rouler dans tes cheveux.

Sur ce lit d'algue où tu te vautres,
Avec toi je veux me vautrer.
A mon tour, même après tant d'autres,
Je veux te prendre et t'éventrer.

Sûr que tu seras la plus forte
Je veux te coucher sur les reins.
Tu me boiras aussi. Qu'importe,
Si d'abord sous moi je t'étreins !

Je veux ta chair enveloppante,
Tes baisers chatouillants et longs,
Ta caresse qui vous serpente
De la nuque jusqu'aux talons.

Je veux sentir mon corps en flamme
Froidir entre tes seins visqueux ;
Je veux que mon être s'y pâme,
Et coule, et se fonde avec eux.

Je te veux, fantôme, chimère,
Corps fluide et tumultueux,
O maîtresse, ô mère, ô grand'mère,
Rêve d'un rut incestueux,

O divine génératrice
De qui tous nous sommes sortis,
Et qui nous rouvres ta matrice
Amoureuse de ses petits,

O vieille, vieille, d'où ruisselle
Toute jeunesse incessamment,
Vieille catin toujours pucelle
Dont l'homme est le fils et l'amant!

★

Ah! la vieille, la vieille, la vieille,
Qui toujours aura quinze ans!

II

LE SOUFFLE

Ainsi dans leurs steppes sans bornes
Roulant leurs pas incohérents,
Mystérieux, vagues et mornes
Dorment les vieux peuples errants.
Mais qu'un Attila crie aux armes,
Et soudain le monde en alarmes
Entend chanter dans les vacarmes
Leur diane de conquérants.
La marche s'organise en groupes ;
Les chevaux alignent leurs croupes ;
Ces troupeaux deviennent des troupes
Et le chaos forme des rangs.

— Au galop ! Reprenons la terre !
Allons, massacrons et pillons !
Où l'Arya propriétaire
Fait ses orges dans les sillons,
Semons les fleurs plus éclatantes
Qui germent du pied de nos tentes,
Les têtes encor dégouttantes
De pourpres et de vermillons,
Et dans nos charges hors d'haleine
Laissons après nous sur la plaine
Comme un manteau de grise laine
Notre poussière en tourbillons ! —

Ils vont. Tel un guêpier rapace
Essaime en masse hors du nid.
Ils vont. On dirait que l'espace
Devant leur pas se racornit.
Ils vont en nombre intarissable
Et pareils à des grains de sable
Dont la cendre est méconnaissable
Quand l'ouragan les réunit
Et dans son essor les entraîne
Sans qu'un seul atome s'égrène,
Si bien que cette molle arène
Roule comme un bloc de granit.

Mais après l'Attila farouche
Qui surgit en les soulevant
Au souffle orageux de sa bouche,
Ils sont cendre comme devant.
On les voit alors se dissoudre,
Et du nuage plein de foudre
Le dur granit redevient poudre
Qui s'éparpille en se crevant,
Et les hordes disséminées
Retombent à leurs destinées
En routes indisciplinées
Qui n'ont plus pour guide le vent.

Ainsi sur les steppes des vagues,
Atomes de l'eau, vous rouliez,
Mystérieux, mornes et vagues,
Sans vous connaître, par milliers.
Quand soudain passe la tempête
Jetant un appel de trompette
Que l'un à l'autre on se répète
Dans le désert où vous alliez.
L'onde inconsistante qui coule
Devient ressac, barre de houle,
Lame de fond, et votre foule
Escadronne ses cavaliers.

— Au galop ! En avant ! Nous sommes
Serrés dans nos gouffres étroits.
Premiers nés du globe où les hommes
Veulent être aujourd'hui les rois,
Que notre empire ancien renaisse
Comme aux temps de notre jeunesse,
Qu'une autre fois le sol connaisse
Le linceul de nos baisers froids,
Et que la terre se nivèle
Encor sous une mer nouvelle,
Tête ronde qui s'échevèle
De nos flots hérissés tout droits ! —

Et contre les fortes jetées
Aux crampons scellés dans le roc
Vous poussez vos charges heurtées
Dans un irrésistible choc.
Votre corps mou qui se contracte
En paquets faisant cataracte
Forme une masse plus compacte
Que le fer qui se rue en bloc.
Les pierres de ciment couvertes
Voient dans leurs poitrines ouvertes
Entrer d'un coup vos lames vertes
Comme entre dans la terre un soc.

Mais c'est le souffle de l'orage
Qui vous soutient dans ce conflit.
Votre âme obscure, c'est sa rage
Qui la condense et la remplit.
Quand, époumonné, dans l'espace
Il fuit comme un oiseau qui passe,
Le fer de votre carapace
Fluide flasquement mollit,
Et toute la force épandue
Rentre dans la calme étendue
Ainsi qu'une fille rendue
Qui retombe au creux de son lit.

Et de même notre pensée,
O flots et peuples vagabonds,
Comme vous veut être lancée
Pour tenter d'impossibles bonds.
Nous savons bien que sur la terre
Sans avoir conquis le mystère
Toujours dans l'ennui solitaire
Éparpillés nous retombons ;
Nous aimons quand même, n'importe,
Le souffle fou qui nous emporte
Au mystère murant sa porte
Devant nos galops furibonds,

Et toujours, et quoi qu'il arrive,
O vous, Nomades émigrants,
O vous, flots qui battez la rive,
O vous, mes songes délirants,
Toujours nous guettons dans la nue
L'éclair annonçant la venue
De la grande haleine inconnue
Qui met notre chaos en rangs,
Qui nous jette comme une armée
Hors de la paix accoutumée,
Qui change en feu notre fumée,
Qui change nos lacs en torrents.

Venez donc, ô semeurs d'alarmes,
Orages, vents, invasions !
Venez nous appeler aux armes
Sans que jamais nous nous lassions !
Peuples endormis dans la trêve,
Flots emprisonnés par la grève,
Cœurs flottant aux limbes du rêve,
Faut-il qu'ainsi nous languissions ?
Réveillez, nous de notre couche !
Souffle, souffle, haleine farouche !
Soufflez sur nous à pleine bouche,
Tempête, Attila, passions !

III

LE SECRET

Bonne aïeule douloureuse
Qui souris dans les sanglots,
Toujours ta face se creuse
De rides qui sont tes flots.

Dans ton giron de nourrice
Tout chagrin meurt envolé;
Mais toi, la consolatrice,
Ton cœur reste inconsolé.

Quel est ton secret, grand'mère?
Fais-nous enfin cet aveu.
La peine la plus amère,
Dite, se soulage un peu.

Toi qui tends si bien l'oreille
A nos désespoirs geignant,
Nous te rendrons la pareille,
Pauvre chère, en te plaignant.

Pourquoi pleurer toujours seule,
Sans te confier à nous ?
Ouvre ton âme d'aïeule.
Nous y lirons à genoux.

Caressant d'une main tendre
Tes cheveux de goëmons,
Nous saurons te faire entendre
Des mots doux, nous qui t'aimons.

Quelle que soit ta chimère,
J'ai de ces mots triomphants
Faits pour ton cœur de grand'mère,
Étant ton petit enfant.

Parle donc, consolatrice,
Qu'on te console à ton tour,
Qu'on apaise et qu'on guérisse
Ta douleur par notre amour..

Mais non, non, fous que nous sommes!
Jamais rien tu ne diras.
Depuis le temps que les hommes
Se font bercer dans tes bras,

Qu'il soit savant ou poëte,
Nul ne connaît ton tourment.
Pourtant tu n'es pas muette.
Tu parles même en dormant.

Tu parles au roc, au sable,
A n'importe qui, toujours,
Et ton conte intarissable
Tu le contes même aux sourds.

Tu le contes à l'espace,
Vide et désert cependant.
Le moindre souffle qui passe,
Tu le prends pour confident.

Mais tes lèvres si bavardes
Parlent de tout, excepté
Du grand secret que tu gardes
Malgré ta loquacité.

Garde-le donc, cachottière,
Sous tes flux et tes reflux,
Comme dans un cimetière
D'où les morts ne sortent plus.

Garde ce mot de ton être ;
Et que les faibles esprits
T'adorent sans te connaître
Comme un mystère incompris !

Garde-le ! C'est bien. Mais sache
Que nous, les mauvais garçons,
A voir comment il se cache,
C'est du mal que nous pensons.

Pardonne, ô mer vénérable !
Mais parfois il nous paraît,
Devant cet impénétrable
Et sempiternel secret,

Qu'en somme tout le mystère
Tient peut-être en ce seul point :
Que tu sais si bien le taire
Parce qu'il n'existe point.

Nous disons que de notre âme
C'est nous qui t'ensemençons,
Que tes bruits sont une trame
Canevas de nos chansons,

Que ton aspect de nourrice
Au giron tendre et berceur,
C'est notre verve inventrice
Qui t'en donne la douceur,

Que ta longue cantilène
Et tes soupirs musicaux
Te viennent de notre haleine
Qui se brise à tes échos,

Que ta tristesse et ses charmes,
C'est nos chagrins exhalés,
Que peut-être c'est nos larmes
Qui rendent tes flots salés,

Que ta gloire est un mensonge
De nos hymnes louangeurs,
Et que ta vie est un songe
Dont nous sommes les songeurs ;

Car ta voix sans interprète
N'est que du son, et tes vœux
N'ont que le sens qu'on leur prête,
Et pas celui que tu veux.

Et ton eau toujours en fuite
Ne prononce dans son cours
Que des paroles sans suite
Dont l'homme fait un discours.

IV

LE SEL

Dans la forêt sonore aux rameaux toujours verts
Les pins versent le sang de leurs cœurs entr'ouverts
Et les pleurs parfumés de la térébenthine.
Leur chevelure épaisse est comme une courtine
Dont les plis odorants masquent le lit vermeil
Où la saline dort son paresseux sommeil.
Et quand le vent de mer l'évente, et que la plaine
A travers ces rideaux fait passer son haleine,
La brise en un seul baume unit les deux senteurs,
Si bien que l'air qui vient alors des pins chanteurs
Semble sur des bouquets et sur des cassolettes
Avoir bu longuement l'âme des violettes.
Souffle délicieux, printemps fleuri sans fleurs,
Fait de l'eau croupissante et des arbres en pleurs,
C'est ainsi que par toi s'annonce la saline.
Mais allons, et du haut de la dune en colline

Silencieusement regardons-la dormir.
Mirage ! Sahara ! Les Bédouins ! Un émir
Est venu planter là ses innombrables tentes
Dont les cônes dressés en blancheurs éclatantes
Resplendissent parmi les tons bariolés
De tapis d'Orient sur le sol étalés.
Ces cônes sont les tas de sel sur les *ladures ;*
Et ces riches tapis aux brillantes bordures
Ne sont que les *côbiers*, les *fares*, les *œillets*,
Où l'évaporement laisse de gras feuillets
Métalliques, moirés, flottant, d'or et de soie.
Par l'*étier* et le *tour* qu'un paludier fossoie
La mer entre, s'épand, s'éparpille en circuits,
Puis arrive aux bassins, étangs cuits et recuits
Par le soleil pompant leur liquide substance.
L'eau-mère peu à peu s'épaissit en laitance
Visqueuse, lourde, ainsi qu'une fonte d'argent.
D'abord une huile rose y monte en surnageant.
Elle élargit bientôt les franges de sa tache.
Elle fonce, jaunit, se cuivre. Il s'en détache
Comme des yeux voguant en tourbillon léger
Qui l'un à l'autre vont lentement s'agréger,
Passant par les lueurs changeantes de l'opale.
Pour se fixer et faire une croûte d'or pâle.
L'or pâlit chaque jour, puis durcit en cristaux
Qui semblent des grêlons ternes. Mais les **râteaux**

Râclent dans les *œillets* la moisson blanche et dure
Qui hausse ses meulons de grains sur la *ladure*,
Et le sel enfin net, libre de sédiments,
Etincelle au soleil comme des diamants.

★

  O diamant, ô perle fine
   Digne du front des souverains,
  Et qu'on devrait comme divine
   Clore en de précieux écrins,
   Bien du pauvre que nul n'envie,
   Moisson d'écume aux flots ravie,
   Fleur de vase changée en grains,
   Elixir dont la force amère
   Soutient notre vie éphémère,
   Pleur concret de la bonne mère,
   Goutte de moelle de ses reins,

  O sel, ô nutritive manne
   Qui jamais ne t'anéantis,
  Par le sein de qui tout émane

Offerte à tous les appétits,
O sel aimé de tous les êtres,
Pour qui se battaient nos ancêtres
Au fond des cavernes blottis,
O sel qui jadis eus dans l'âtre
Près du feu ton culte idolâtre,
Sel que la brute sur le plâtre
Lèche et gratte pour ses petits,

O sel que les tribus barbares
Échangent encore à présent
Contre l'or et l'argent en barres
Et plus qu'eux trouvent bienfaisant,
O sel, que deviendraient nos races,
Si dans les espaces voraces
Soudain te volatilisant,
Ton âme toute consumée
S'en allait comme une fumée
De notre terre accoutumée
A t'avoir en te méprisant ?

Quelles langueurs universelles,
Quel dégoût de tout ce serait !
La pourriture que tu cèles

Sous ta saveur comme un secret,
Fade, écœurante, corrompue,
Avec son haleine qui pue
Tout à coup s'épanouirait,
Et de putréfaction lente
Tout mourrait, la bête, la plante,
Dans l'atmosphère pestilente
D'un déliquescent lazaret.

L'océan, malgré les marées
Qui le roulent sous leurs essieux,
Sentirait ses chairs dévorées
Par ce souffle pernicieux.
Dans ses flots lourds d'algues croupies
Les poissons fondraient en charpies.
Et, désormais silencieux,
Le globe à travers ses murailles
Laissant fuir ses ordes entrailles
Ressemblerait aux funérailles
D'une charogne dans les cieux.

Garde-nous de ce jour sinistre
Et de ce trépas empesté,
O sel préservateur, ministre

Suprême de la pureté,
O sel dont la saine magie
De l'être entretient l'énergie,
O sel des miasmes redouté,
Feu dont ils craignent les morsures,
Fier archer dont les flèches sûres
Leur font de cuisantes blessures,
Sel, héros au glaive enchanté !

O sel désinfecteur du monde,
Mystérieux, blanc, radieux,
Gai, subtil, vainqueur de l'immonde,
Sel, unique plaisir des vieux,
O sel qu'on pose sur la lèvre
Du mourant, de l'enfant qu'on sèvre,
Sel de bienvenue et d'adieux,
O sel dont nos larmes sont faites,
Givre qui pâliras les faîtes
Du temple où les derniers prophètes
Annonceront les derniers Dieux !

Car toi qui prêtas ton essence
A notre primitive faim,
Sel qui connus notre naissance,

Tu nous scelleras notre fin.
Humble grain que la paludière
Vole en passant pour sa chaudière
Et cache au fond de son couffin,
Sel que gaspillent les servantes,
Tu verras les formes vivantes
Fondre, et de ces jours d'épouvante
Tu seras le blanc séraphin.

★

De l'air brûlé, du sol sans eau, du ciel sans rides,
Chante le chant de mort, terre aux lèvres arides !

★

Enfin l'heure est venue où les suprêmes flots
Dans l'Océan suprême ont replié leur moire,
Et les livres anciens gardent seuls la mémoire
Des hommes d'autrefois qu'on nommait matelots.

Des centenaires fous, près des flaques dernières,
Disent avoir vu là des apparences d'eau
Où planait un brouillard comme un léger rideau.
Grenouilles coassant au fond sec des ornières,

On écoute râler leurs contes du vieux temps ;
Mais aux lieux désignés par leur geste débile
On ne distingue plus qu'une plaine immobile
D'où se sont envolés les nuages flottants.

Sous l'atmosphère dont le vide lourd accable
Plus rien ne bouge au ras du sol, au haut des airs,
Et le soleil tout nu verse sur ces déserts
Ses feux dévastateurs dans l'azur implacable.

Plus d'eau ! Plus de vapeurs ! Un hâle universel !
La plante se flétrit et l'animal se couche.
Le souffle moribond de la dernière bouche
Dans l'espace altéré se cristallise en sel.

La chair même n'a pas le temps de se dissoudre
En grasse pourriture où grouillent les ferments.
Le liquide pompé, tout devient ossements
Que le sel aussitôt encroûte de sa poudre.

Partout il se condense, il enveloppe, il mord,
Il tue, et cependant qu'il tue, il purifie ;
Car la mort ne doit plus putréfier la vie,
Car la vie a cessé de naître de la mort.

Et chaque jour il serre une autre bandelette
Autour du globe étreint sous son embrassement,
Pour le conserver pur incorruptiblement,
Suaire immaculé qui couvre un blanc squelette.

★

Mais vous êtes encor lointains,
Sombres destins,
Et pendant qu'ici je vous rêve,
Voici les cris psalmodiés
Des paludiers
Et leurs grands chapeaux sur la grève.

Il fait doux. Un nuage clair
Rafraîchit l'air
Et se traîne en rose buée

Sur la soie et l'or et l'argent
    Qui vont nageant
Dans la vasière remuée.

Sans plus arrêter mon regard
    Au jour hagard
Où la terre sera squelette,
Je hume sous les pins chanteurs
    Les deux senteurs
Qui se fondent en violette,

Et je jouis en m'en grisant
    Du jour présent
Où la pinède et la saline
Versent en moi comme infusés
    Vos deux baisers,
Sol amoureux et mer câline.

V

LES MONSTRES

Devant l'homme malingre, aux étroites épaules,
Au grand cœur, le troupeau des vastes cétacés
S'enfuit, et peu à peu de partout pourchassés,
Voici que les derniers se cachent près des pôles.

Encore un peu de temps, et l'on ne verra plus
Ces grands rois de la mer, cachalot et baleine,
Dont le corps semble une île, et qui pour prendre haleine
Font jaillir de leur front deux jets d'eau chevelus.

Premiers rêves rêvés par l'antique Nature,
Bientôt ils rentreront en elle, évanouis,
Et leurs corps disparus aux contours inouïs
Seront une chimère à la race future.

Alors, si par hasard resté dans quelque trou,
Un d'entre eux surgissant tout à coup se réveille,
Les hommes de ces jours crieront à la merveille ;
Celui qui l'aura vu passera pour un fou.

Ainsi, gens d'aujourd'hui, nous déclarons grotesque
La légende trouvée aux livres des aïeux
Qui racontent sans rire avoir vu de leurs yeux
Ou grand serpent de mer, ou poulpe gigantesque.

Et qui sait cependant si dans ces temps lointains
Il ne subsistait pas encor sous la même onde
Des êtres échappés au trépas de leur monde,
Survivantes lueurs des ancêtres éteints ?

Qui sait s'il n'en est plus, et si les eaux secrètes
N'ont pas des plis sans fond, gouffres inviolés,
Où le serpent de mer (riez, si vous le voulez !)
Où le kraken-montagne, ont gardé des retraites ?

En ces creux qui jamais ne voient le jour vermeil,
Que les phosphorescents peuplent seuls de lumière,
Dans la sécurité d'une paix coutumière
Ces monstres sont peut-être et dorment leur sommeil.

Des grottes d'une lieue, arrondissant des salles
Où mènent les détours de labyrinthes noirs,
Aux hôtes effrayants servent de promenoirs,
Pour étendre à loisir leurs formes colossales.

Des fucus de mille ans et des algues sans bouts
Leur font une forêt dont ils paissent les herbes,
Et dans laquelle ils sont petits, eux les superbes,
Comme des éléphants dans un champ de bambous.

Parmi ces promenoirs et ces forêts épaisses
Ils retrouvent encor parfois l'illusion
Des temps où la nature en pleine éclosion
Savait tout faire énorme ainsi que leurs espèces.

Mais quelquefois aussi leurs cœurs inconsolés,
Las de cette prison, sentent la nostalgie
D'aller voir à leur tour le ciel et la magie
De ce soleil perdu dont ils sont exilés.

Ils viennent respirer l'azur qui régénère,
Et leur front fabuleux se dresse à l'horizon.
Celui qui l'aperçoit n'en croit pas sa raison,
Et celui qui le dit semble un visionnaire.

Non, non, vieux matelots, non, vous n'étiez pas fous!
Vous avez contemplé ces choses-là vivantes.
Vous avez sous vos yeux tenu ces épouvantes.
O légendes des bons aïeux, je crois en vous.

Je crois possible encor que subsiste et revienne,
Conservé par l'abîme ainsi qu'aux jours anciens,
Quelque monstre vainqueur du désastre des siens,
Dernier fils de la faune antédiluvienne.

Je l'imagine seul, las de tout, plein d'ennui,
Cherchant un frère en vain par tout ce morne espace,
Ainsi qu'un Juif-Errant qui passe et qui repasse
Dans un monde étranger où rien n'est fait pour lui.

Il regarde partout avec mélancolie,
Et n'a personne à qui partager son tourment,
Et mourra tristement et solitairement,
Lamentable orphelin d'une époque abolie,

Image du chanteur dont le vaste cerveau
Plein de rêves trop grands pour son siècle éphémère
Semble y perpétuer une antique chimère
Désormais monstrueuse en cet âge nouveau.

26.

VI

LES ALGUES

Qui dira la mer végétale ?
Algues, varechs et goëmons,
Tout l'immense herbier qu'elle étale,
C'est ainsi que nous le nommons.
Trois mots pour le peuple sans nombre
Qui tapisse au fond de son ombre
Ses ravins, ses plaines, ses monts !
Trois pauvres mots pour cette flore
Multiforme et multicolore
Que sans relâche fait éclore
L'éternel printemps des limons !

Sans parler des herbes secrètes
Que loin des rayons lumineux
Dans d'inaccessibles retraites

Les flots jaloux gardent en eux,
Forêts vierges aux mille plantes,
Tas de lianes ondulantes,
Enlacements vertigineux,
Combien que le flux sur la roche
Tour à tour accroche et décroche,
Et dont il nous montre tout proche
Le lacis de nerfs et de nœuds !

Parmi les flaques où fourmille
L'évaporation des eaux,
Vois donc ! Céramie en ramille,
Estocarpée en nids d'oiseaux,
Ulve large, à plat, qui se carre,
Éventail ouvert de l'agare,
Plocamium aux fins réseaux,
Laminaire gladiolée,
Lanière en caoutchouc collée
Par les vagues à la volée
Sur les récifs aux noirs naseaux,

Conferves vertes et ridées
En tapis de velours moussus,
Rouges et roses iridées,

Et que d'autres, dessous, dessus,
A l'énorme ou minime taille,
Embrouillant comme une bataille
Leurs figures et leurs tissus,
Cordons, rubans, mailles, spatules,
Plaques et glands, câbles et tulles,
Chairs lisses, cuirs pleins de pustules,
Fils déliés, paquets pansus !

Il en est de resplendissantes
Ainsi que des fruits et des fleurs
Cueillis en été dans les sentes
Où l'aube égrène encor ses pleurs.
Il en est ou de l'or éclate,
Où saigne et flambe l'écarlate.
Il en est aux tendres couleurs ;
Il en est aux sinistres teintes.
Il en est qui sont comme atteintes
D'une langueur étrange, éteintes
En de diaphanes pâleurs.

Voici des arbres minuscules
Aux branchages s'entrecoupant.
Voici des bras en tentacules

A côté d'un bouquet pimpant.
Ici, délicate membrane
Brodée à jour en filigrane.
Là-bas, crinière d'un arpent.
Ensemble on voit se tordre, pendre,
De la moire, une scolopendre,
Des cheveux de soie, et s'épandre
L'orbe délové d'un serpent.

Et tout cela n'est rien encore,
Presque rien, comme qui dirait
Les broussailles dont se décore
La lisière de la forêt.
C'est ce que découvre la vague,
Ce qu'à travers son cristal vague
Les jours de calme il transparaît.
Mais que de merveilles voilées
Au fond ténébreux des vallées
Dont nulles mains ne sont allées
Effeuiller le vierge secret !

Là, ce sont des fourrés sans route
Et d'inextricables buissons,
Des clairières, des prés, où broute

Un tas de gueules en suçons ;
Ce sont des jungles, des savanes,
Où défilent par caravanes
De phantasmatiques poissons ;
Obscure, muette et mouvante,
C'est la forêt de l'épouvante,
Où la plante marche, vivante,
Où les pierres ont des frissons.

Là, subtiles ou bien épaisses,
Aspects et tons capricieux,
S'épanouissent les espèces
Que jamais ne verront nos yeux,
Les frondaisons intarissables
Qui dans les vases et les sables
Poussent leurs jets silencieux,
Arbres fous, folles graminées
Au fond du gouffre enracinées,
Et dont les sombres destinées
Ont le plafond des flots pour cieux.

Une d'elles parfois s'arrache,
La plus monstrueuse souvent,
Et l'Océan alors la crache

Avec son écume en bavant.
De son gigantesque cadavre
Elle pourrait barrer un hâvre,
Et les marins en la suivant
Pensent voir flotter sur l'eau bleue
Un dragon de plus d'une lieue
Qui tord les anneaux de sa queue
Et qui dresse sa crête au vent.

Imaginez un de nos chênes,
Un grand cèdre, un pin parasol,
Soudainement brisant ses chaînes
Et se déracinant du sol
Pour se livrer au vent qui passe
Et planer là-haut dans l'espace,
Les pieds en l'air, le geste fol ;
Ainsi ces algues démarrées
Planent au-dessus des marées,
Et pour des courses effarées
Dans l'eau roulante ont pris leur vol.

Au centre mort de l'Atlantique
Se forme, à l'abri des courants,
Un marécage fantastique

De tous ces corps mous adhérents.
C'est les Sargasses, les flots d'herbes,
Où Colomb sur ses nefs superbes
Eut peur, tant ils pressaient leurs rangs,
Noyés englués en litière
Plus vaste que l'Europe entière,
Liquide et mouvant cimetière
De tous ces cadavres errants.

O cadavres saints pour les hommes,
Car c'est de vous que nous sortons !
O vieilles algues, nous ne sommes
Que vos suprêmes rejetons.
Dans le primordial mystère,
Quand l'eau couvrait toute la terre,
Squelette sans chair ni tétons,
C'était en vous que la Nature
De vivre risquait l'aventure,
Et notre humanité future
Germait en fleurs dans vos boutons.

O vous en qui la vie abonde,
Et qui, même encore à présent,
Retrouvant l'humeur vagabonde,

En êtres vous organisant,
Changez vos fibrilles en pores,
Devenez bêtes, zoospores,
Méduses au disque luisant,
O vous qu'à cette heure on méprise
Et dont la chevelure grise
Va s'éparpillant à la brise
Parmi les larmes du jusant,

O vieilles algues nos aînées,
Qui du fond de vos antres creux
Agitez vos mains enchainées
Et tordez vos bras douloureux,
Algues à qui je dois mon être,
Les hommes sauront reconnaitre
Ce que vous avez fait pour eux.
O nos aïeules authentiques,
Je dirai vos gloires antiques,
Entonnant pour vous les cantiques
De mes vers les plus vigoureux.

Je dirai vos splendeurs énormes,
L'heure où les cieux lourds et troublés
N'avaient pas encor vu les formes

Des arbres, des prés verts, des blés,
Ni même les barbes légères
Des mystérieuses fougères,
Tandis que déjà rassemblés
Vos tourbillons de bêtes-plantes
Jetaient leurs semences, leurs lentes,
En fécondités pullulantes
Dont les flots étaient accablés,

Je dirai vos splendeurs flétries,
L'époque où parmi vos rameaux
En effroyables théories
Passaient d'étranges animaux,
Plésiosaure, ichthyosaure,
Ptérodactyle, d'où s'essore
L'essaim des dragons leurs jumeaux,
Monstre dont la fable est l'empire,
Mêlant serpent, lézard, vampire,
Spectres devant lesquels expire
Le pouvoir magique des mots.

Je dirai vos plus vieilles races
Dont s'échevelèrent les crins
Sans laisser l'ombre de leurs traces

A l'écran des sols sous-marins,
Les éteintes, les disparues,
Que les sédiments sous leurs crues
Ensevelirent brins à brins,
Celles dont fleurit le mystère
Aux temps limbiques où la terre
Au-dessus de l'eau solitaire
N'avait pas fait saillir ses reins.

Je dirai qu'en montant aux causes
Et vers l'originel instant,
A travers les métempsychoses
Du globe encor inconsistant,
C'est vous qu'on trouve les premières
Buvant les chaleurs, les lumières,
Pour faire un corps vibrant, sentant,
Et qu'ainsi sous votre figure
Végétale, animée, obscure,
D'abord se fixe et s'inaugure
L'être jusques alors latent.

Je dirai comment l'infusoire
S'exhala de vous. Je dirai...
Mais quoi ! De quel rêve illusoire

Mon orgueil s'est-il enivré ?
Moi, petit, elles, peuple immense,
Puis-je croire dans ma démence
Qu'en moi je les embrasserai,
Et qu'il suffira de mes phrases
Pour qu'à tous les yeux tu t'embrases,
Abîme noir qui les écrases
Et que nul œil n'a pénétré ?

Rien que pour nommer au passage
Chacune en la notant d'un trait
Qui remémore son visage,
Sa couleur, sa forme, il faudrait
Plus qu'un Valmiki, qu'un Homère,
Un nomenclateur de chimère
Au flux de verbe sans arrêt.
Dont la parole infatigable
Criant vocable sur vocable
Se déroulerait comme un câble
Et comme un torrent rugirait.

Or le temps n'est plus où ma race
Avait ces robustes poumons.
Pauvres chanteurs qu'un rien harasse,

Pour une ode que nous rimons
Un peu trop haut, d'une voix pleine,
Nous voilà fourbus, hors d'haleine,
Comme un vieux qui gravit les monts ;
Et le lecteur encor plus pâle
Bégaie, éperdu, dans un râle :
Que veut donc ce fou qui vous hale,
Algues, varechs et goëmons ?

Pour voir des peintures pareilles,
Pour ouïr de semblables cris,
On n'a plus les yeux, les oreilles
Qui conviennent, ni les esprits.
Qui tenterait cette épopée,
Sa vaillance serait trompée,
Ses vers resteraient incompris,
Et ses audaces téméraires
Ne récolteraient chez ses frères,
Au lieu de mots thuriféraires,
Que sourires et que mépris.

A quoi bon les chansons sublimes
Si l'on chante dans des caveaux ?
Il faut les poinçons et les limes,

Mais non le souffle, à nos travaux.
Poëte qui te sens des ailes,
Modère l'élan de tes zèles,
Rentre sous les communs niveaux,
Lamentable Orphée en délire
Qui veux toucher la grande lyre
Et pour auditeurs dois élire,
En place de tigres, des veaux !

Donc, ne crevons pas nos poitrines,
Ne risquons pas les cabanons,
Et gardez, ô plantes marines,
Les noms vains que nous vous donnons ;
Mais qu'au moins, veuf de mes chimères,
Je vous puisse appeler nos mères,
Puisque c'est le plus beau des noms,
Et puisque mon cœur qui s'affale
N'ose point l'ode triomphale
A tonitruante rafale
De cuivres et de tympanons !

VII

LA GLOIRE DE L'EAU

De l'éternelle Isis les seins inépuisés
Offrent toujours leur lait magique à nos baisers...
Les poëtes d'antan ne cherchaient sur les grèves
Qu'un mélancolieux promenoir pour leurs rêves,
Un écho résonnant à leurs propres sanglots.
Ceux de l'heure présente y cherchent des tableaux.
Mais pour tous ces râcleurs de lyre ou de palette
La mer n'est qu'un miroir où leur moi se reflète.
D'autres oiseaux, a dit Heine, d'autres chansons !
Aussi nous, les rimeurs de demain, nous pensons
Que la Nature a sa figure personnelle,
Qu'il ne faut pas toujours nous admirer en elle,
Et qu'à la contempler sans nous voir au travers
On peut trouver profit et plaisir et beaux vers.
Nous voulons pénétrer les effets et les causes,
Suivre les éléments dans leurs métempsychoses

Sous les êtres divers qu'ils font et qu'ils défont.
La surface nous plaît, mais plus encor le fond.
Et laissant les rêveurs aboyer aux étoiles,
Laissant les descriptifs colorier leurs toiles,
Nous estimons que pour chanter ce tout vivant
C'est peu d'être poëte, il faut être savant.
C'est ainsi que pensaient d'ailleurs aux premiers âges
Nos aïeux, à la fois des chantres et des sages,
Poëtes, certes, mais philosophes aussi,
Vyasa, Valmiki dans l'Inde, Firdousi
Dans la Perse, Hésiode, Orphée, Homère en Grèce,
Et parmi les Latins Virgile après Lucrèce.
De la science obscure ils mettaient les secrets
Dans leurs vers ciselés en précieux coffrets,
Tout resplendissants d'or, tout parfumés d'essences.
Le rhythme est le meilleur gardien des connaissances.
Et peut-être qu'un jour d'autres humanités,
En fouillant les débris qui furent nos cités,
Ne sauront le *Credo* dont notre âge s'honore
Que par quelque poëme à la rime sonore.
Je suis un songe creux ? Peut-être. En attendant,
Mes frères, travaillons dans cet espoir ardent.
Ne nous attardons pas aux phrases pour les phrases.
Oui, diamants, rubis, saphirs et chrysoprases,
Employons-les pour en illuminer les mots,
Et que nos vers soient des joyaux, soient des émaux,

Soient des flacons brodés d'arabesques fleuries ;
Mais dans ces beaux flacons aux flancs de pierreries
Versons, comme faisaient les sages nos aïeux,
Un vin pur qui plus tard devienne du vin vieux,
Et puisse aux temps futurs, si nous en sommes dignes,
Témoigner du bouquet qu'eut le sang de nos vignes.

★

Béni soit le gouffre amer
    De la mer !
Louange à la vase immonde
Qu'elle fut au jour premier,
    Saint fumier
D'où sort en fleurs notre monde.

Longtemps le globe avait dû,
    Bloc fondu
Gros de vapeurs et d'effluves,
N'avoir pour forme et pour but
    Que le rut
Des Etnas et des Vésuves.

Longtemps l'orbe aérien
      Ne fut rien
Sur ces laves refroidies
Qu'un tas de gaz allumé
      Consumé
Par ses propres incendies.

Seul le minéral pouvait,
      Pour chevet
Où reposer à son aise,
Prendre ces débris craquants
      De volcans
A l'haleine de fournaise.

Seuls, buvant l'air sulfureux
      Fait pour eux,
Les rocs monstrueux et chauves
Montraient dans ces entonnoirs
      Leurs nez noirs
Comme des mufles de fauves.

Mais sous les feux dévorants,
      Aux torrents
De fracas et d'épouvante,

Ne pouvait s'organiser
Le baiser
De la cellule vivante.

Enfin, deux gaz en un point
Ont rejoint
Leur fraternelle accordance,
Et dans ces brouillards de poix
Par son poids
Voici l'eau qui se condense.

C'est un nuage flottant
Qui s'étend.
L'atmosphère se contracte.
Puis, d'un flux torrentiel,
Choit du ciel
Une averse en cataracte.

Longtemps, longtemps, au toucher
Du rocher
Plein de feu dans chaque pore,
L'eau qui tombe, au même instant
Remontant,
En poussière s'évapore

Mais, en remontant aussi,
  Épaissi
Son corps se reforme en nue,
Et du vaste réservoir
  A pleuvoir
Sans trêve elle continue.

Longtemps, longtemps, très-longtemps,
  Combattants
Aux renaissantes menaces,
L'eau plus forte peu à peu
  Et le feu
Luttèrent ainsi, tenaces.

Mais le brûlant séraphin
  Dut enfin
Éteindre les étincelles
De ses rouges étendards
  Sous les dards
De l'archange aux froides ailes ;

Et l'archange, se couchant
  Sur ce champ
De victoire et de bataille,

De son corps fluide emplit
    Ce grand lit,
Ce grand lit fait à sa taille.

C'est la mer, la mer sans bord,
    Qui d'abord
Recouvrit toute la terre,
L'onde aux flots universels
    Où les sels
S'accouplaient dans le mystère.

C'est au fond de ce creuset
    Que cuisait
En bouillonnements funèbres
L'être inconscient encor
    De l'essor
Sous un chaos de ténèbres.

Parmi les débris fumants
    D'éléments
Amalgamés par la flamme,
Aux atomes qu'elle unit
    Dans son nid
C'est elle qui donna l'âme.

C'est en elle, dans ses flots,
Qu'est éclos
L'amour commençant son ère
Par l'obscur protoplasma
Qui forma
La cellule et la monère.

Béni soit le gouffre amer
De la mer !
Louange à la vase immonde
Qu'elle fut au jour premier,
Saint fumier
D'où sort en fleurs notre monde !

*

Comment dans cette vase aux clapotements mous
Où les derniers volcans soulevaient des remous,
Comment sous l'action et les forces amies
Du soleil, des foyers souterrains, des chimies,
Du temps, comment a pu s'opérer en un point
Cette genèse, c'est ce que l'on ne sait point.

Des corps simples à la cellule, à la monère,
Par quels chemins passa la substance ternaire.
Puis quaternaire, pour s'albuminoïder
Et s'agréger, vivante, on n'en peut décider.
Le carbone de l'air, alors en abondance
Dans l'atmosphère encore irrespirable et dense,
Avec les gaz de l'eau d'abord combina-t-il
Ou l'âcre ammoniaque ou l'azote subtil ?
Ou bien est-ce plutôt par le cyanogène
Que se noua l'anneau primitif de la chaîne,
Gaz instable, mobile et propice aux hymens ?
La science n'a pas éclairé ces chemins.
Mais un point lumineux dans cette ombre douteuse,
C'est que de ces hymens l'eau fut l'entremetteuse,
Et qu'il fallut son lit ouvert à tous les vents
Pour engendrer enfin les premiers corps vivants.
Aujourd'hui même encor, comme en ce temps antique,
On a pu la surprendre au fond de l'Atlantique
En pleine éclosion du germe originel
Ayant pour dernier fruit l'organisme charnel,
Embryon de ce qui plus tard doit être un homme.
Un être existe là, que la science nomme
Bathybius, un être informe, sans couleur,
Une larve plutôt qu'un être, une pâleur
Encor plus qu'une larve, une ombre clandestine,
Semblable à du blanc d'œuf, à de la gélatine,

Quelque chose de vague et d'indéterminé.
Ce presque rien, pourtant, il existe. Il est né,
Il se nourrit, respire, et marche et se contracte,
Et multiplie, et c'est de la matière en acte.
Sous le plus simple aspect, sans créments superflus,
C'est du protoplasma vivant, et rien de plus.
Qu'un fragment de ce corps s'en détache, et que l'onde
En transporte autre part la bribe vagabonde,
A ce nouveau milieu cet obscur ouvrier
D'une forme nouvelle ira s'approprier.
D'amorphe il deviendra fini. C'est une sphère.
De ce rien qu'il était, déjà comme il diffère !
Il évolue encor, se centre, en même temps
Allonge autour de lui des filaments flottants.
Sont-ce des membres ? Oui. Mieux même : des organes.
Et la vie à présent avec tous ses arcanes
Peut s'épandre, grandir, se différencier,
Et, partant de cet humble et vague devancier,
Racine d'où jaillit l'arbre de nos ancêtres,
Gravir tous les degrés de l'échelle des êtres.
O vie, ô flot montant et grondant, je te vois
Produire l'animal, plante et bête à la fois,
Te transformer sans fin depuis ces anciens types,
Devenir l'infusoire, entrer dans les polypes,
Monter toujours, des corps multiplier l'essaim,
Être, sans t'y fixer, l'astérie et l'oursin,

Pétrifiée un temps au lis de l'encrinite,
Repartir en nautile, évoquer l'ammonite,
Et du céphalopode évoluer devers
L'innombrable tribu d'annélides des vers,
Monter toujours sans faire un seul pas inutile,
Jusqu'au plésiosaure engendré du reptile,
Lui donner du lézard le sternum cuirassé,
Dans ses pattes déjà rêver le cétacé,
Puis au ptérodactyle ouvrir l'essor d'une aile,
Monter, monter toujours dans l'onde maternelle,
Monter de cette ébauche au narval, au dauphin,
Au phoque, à la baleine, au mammifère enfin,
Et dans ce mammifère achever ton ouvrage
Par ces fils derniers-nés qui jusques à notre âge
De rameaux en rameaux auront pour floraison
L'homme droit sur ses pieds et fort de sa raison.

★

Ce que la science imagine,
Homme, n'en sois pas offensé !
Plus humble fut ton origine,
Plus haut ton vol s'est élancé.

Laisse aux mystiques théories
L'hypothèse d'un ciel perdu,
Où de tes mains endolories
Tu frappes sans être entendu,

Où vainement ton rêve espère
Retrouver l'ancien Paradis
Duquel Dieu comme un mauvais père
A chassé ses enfants maudits.

Oui, je sais, dans cette naissance
Illustre ton cœur se complait.
Te croire de divine essence,
Même déchu, même incomplet,

Cela, penses-tu, te rehausse ;
C'est ton titre, c'est ton blason.
Eh bien ! non. Conclusion fausse.
Ta vanité n'a pas raison.

Être un demi-dieu dont la chute
Va chaque jour se dégradant,
D'ange devenir presque brute,
Voilà ton vœu le plus ardent

Quoi ! c'est un sort digne d'envie ?
Non, non. Et combien celui-là
Où la science te convie
Est plus superbe ! Ecoute-la.

Pour venir à nous la matière
A dû par coups multipliés
Engloutir comme un cimetière
Des corps, des êtres, par milliers.

A travers ses métamorphoses
Tous ces êtres dont nous sortons
Contre les tourbillons des causes
Luttaient, éperdus, à tâtons,

Se façonnant aux circonstances,
Aux chocs, aux besoins, aux milieux,
Mais toujours, en efforts intenses,
Toujours en marche vers le mieux.

O marche auguste et triomphale !
Ces ténèbres où nous passions,
Est-ce donc ça qui nous ravale,
Ou les vieilles damnations ?

Lequel vaut mieux pour une race,
D'avoir son germe dans le lit
Ou d'un vilain qui se décrasse,
Ou d'un noble qui s'avilit ?

Quel est donc le lot le moins sombre,
Quel est le destin le plus grand,
D'être le feu qui sort de l'ombre
Ou celui que l'ombre reprend ?

Et si l'orgueil trouve son compte
A quelque chose, n'est-ce pas
A cette escalade qui monte
Du ver à l'homme, pas à pas ?

L'antique genèse illusoire
A-t-elle autant de majesté
Que ces combats de l'infusoire
A l'assaut de l'humanité ?

Homme, relève donc la tête
Vers ton passé ; ne rougis point
D'avoir pour ancêtre la bête
Et même moins encor, ce point

Perdu sous la mer primitive,
Où jadis mécaniquement
Se forma la cellule active
Par un chimique accouplement.

Le connaître, en la nuit épaisse
Avoir retrouvé ce chemin,
C'est la gloire de notre espèce,
C'est la fleur de l'orgueil humain,

C'est le prix de sa patience,
De ses vœux enfin entendus,
C'est vraiment l'arbre de science
Nous livrant ses fruits défendus,

C'est la rédemption nouvelle
Qui nous redresse les genoux,
C'est le grand Tout qui se révèle
En prenant conscience en nous,

C'est l'apothéose où s'exalte
Son passé dans notre présent,
Cependant que nous faisons halte
Sur cette cime en nous disant :

Partis des atomes infimes
Pour gravir jusqu'à ces hauteurs,
C'est donc nous-mêmes qui nous fîmes,
Et nous sommes nos créateurs !

*

Mais que l'humanité triomphatrice,
Se rappelant ainsi ses premiers pas,
Sache bien que la mer fut sa matrice.

En nous glorifiant n'oublions pas
Que notre apothéose est née en elle.
Homme victorieux, ver qui rampas,

Souviens-toi, papillon, malgré ton aile,
D'avoir été chenille, et dans tes chants
Mets toujours la mer sainte et maternelle !

N'accuse point ses flots d'être méchants,
Et parce qu'autrefois sous les déluges
Ils ont enseveli tes murs, tes champs,

N'exile pas loin d'eux tes pas transfuges.
Aime-les. Reste auprès de ton berceau.
Quoi ! la mer est ta mère, et tu la juges !

Mais, comme à ton aïeul le vermisseau.
Elle t'est toujours bonne et nécessaire.
Ton présent, ton futur, portent son sceau.

Homme, contemple-la d'un cœur sincère.
Et tu verras qu'elle est l'ange gardien
De la terre où tu vis et qu'elle enserre.

Du flux de l'Atlantique au flux indien.
C'est les migrations que font ses ondes
Qui te donnent ton pain quotidien.

C'est grâce à leurs vapeurs que sont fécondes
Les plaines où tu vas semant ton grain.
Regarde-les passer, ces vagabondes,

Bienfaisantes enfants de l'air marin ;
Regarde et bénis-les, coûte que coûte.
Même rendant obscur le ciel serein :

Bénis-les, bénis-les dans chaque goutte ;
Car pour toi chaque goutte est un cadeau ;
Et pour mieux les bénir, entends, écoute

Ce que chante en passant la goutte d'eau.

★

Cette goutte d'abord, voici comme elle est née.
Tu la comprendras mieux, sachant sa destinée.
La mer est l'alambic d'où jaillit son éveil.
Cet alambic, chauffé par les rais de soleil
Qui lui dardent d'aplomb leur flamme incendiaire,
Présente à ce foyer l'équateur pour chaudière.
Les hauts confins de l'air en sont le chapiteau,
Où monte la vapeur s'exhalant de cette eau.
Elle y pourrait planer, puis tomber de ce faîte.
Mais du sûr alambic la figure est parfaite.
Les pôles, les sommets, sont ses réfrigérants.
Ses récipients sont les glaciers, les torrents
Et les lacs endormis dans le creux des vallées.
Ainsi des flots amers les ondes dessalées

Se distillent sans cesse et font ces gouttes d'eau,
Qui sont d'abord nuage au mobile rideau
D'où la pluie en tombant fertilise les graines,
Puis infiltrations et sources souterraines,
Puis ruisselets chanteurs, puis ruisseaux tortueux,
Puis rivières, enfin fleuves majestueux
Dont le cours lentement sur les champs se déroule
Et dont les flots grossis entraînant dans leur houle
Les sels du sol poudreux et du roc écrété,
S'en vont rendre à la mer plus qu'elle n'a prêté.
Plus, et moins toutefois. Car ce qu'elle prête, elle,
C'est sa force sans fin, sa jeunesse immortelle,
Son cœur purifiant où toute mort renaît.
Oui, l'eau douce qui court sur notre globe en est
Comme le sang. Ce sang circule dans les terres
Par les fleuves, par les rivières, ces artères
Que les membres du sol sentent fluer en eux.
Mais le sang lourd, au bout de sa course, est veineux.
Fait pour battre et courir, son épaisseur le gêne.
Noir, il a besoin d'air, il a soif d'oxygène.
C'est seulement au cœur qu'il peut, ressuscité,
Reconquérir sa pourpre et sa limpidité.
Or peut-être, après tout, que ce n'est pas démence
De voir dans notre globe un animal immense,
Encore inconscient, sans doute, mais vivant,
Ayant pour corps la terre, et pour souffle le vent,

Et pour poils les forêts, et pour cri la tempête ;
Et si, vivante ainsi, la gigantesque bête
A des veines où roule un sang plein de vigueur,
L'eau n'est rien que ce sang, la mer en est le cœur.

★

Et maintenant que par l'image
Je t'ai conté la goutte d'eau,
Ecoute ça qu'elle ramage.

Ote ce ténébreux bandeau
Dont, parlant de science en rimes,
J'ai dû t'infliger le fardeau.

A me suivre si tu t'escrimes,
Et si pour toi mes rudes vers
Scientifiques sont des crimes,

Songe que dans ces grands bois verts
Et vierges je cherche ma route
Par des sentiers non découverts.

Tu ne m'en voudras point sans doute
Si parfois mon pas s'en ressent.
En retour, pour ta peine, écoute

Ce que l'eau nous chante en passant.

★

De la mer nourricière, ô terre inassouvie,
Je t'apporte le lait dont s'entretient ta vie.

A tes brûlantes soifs qu'elle sait apaiser
J'apporte la fraîcheur de son divin baiser.

Ce baiser qu'en ton sein, pieuse, tu renfermes,
Y fait s'épanouir l'éclosion des germes.

A tous les éléments de ce sein ténébreux
Il se mêle et les force à se mêler entre eux.

Ainsi naissent tes prés aux herbes pullulantes
Où les troupeaux joyeux paissent le suc des plantes.

Ainsi naissent tes champs dorés par les moissons
Et tes bois pleins de fleurs, de nids et de chansons.

Ainsi, te bénissant, toute ta géniture
Trouve dans ton giron le gîte et la pâture.

Ainsi le plus aimé de tous tes Benjamins,
L'homme, dans tes trésors peut prendre à pleines mains.

Que d'autres soins encor j'ai pour lui, plus vulgaires,
Mais sans quoi, lui qui s'en croit tant, ne serait guères !

N'est-ce pas moi qui fais de mon poids rassemblé
Se mouvoir les moulins qui farinent son blé ?

Plus forte que cent bras brandis par cent échines,
N'est-ce pas ma vapeur qui trime en ses machines ?

Mais de ces bienfaits-là tes regards sont témoins.
Il en est d'autres, plus secrets, que tu sais moins.

Mes brumes, que le vent roule de son haleine,
Enveloppent ton corps comme un manteau de laine.

Grâce à lui, la chaleur indispensable au sol
Vers l'espace attirant ne peut prendre son vol.

Grâce à lui, le soleil de son feu qui t'accable
Modère, tamisé, l'incendie implacable.

Je t'emprisonne ainsi dans un tiède cachot
Où tu n'as à la fois ni trop froid ni trop chaud.

Si j'ôtais cet écran qui court de place en place,
Tu serais tour à tour ou de braise ou de glace.

De l'équateur ardent aux pôles refroidis
Je mène en deux courants la douceur des midis.

Puis des pôles gelés aux tropiques en flamme
Je ramène l'air frais que ce brasier réclame.

J'arrache aux flancs des rocs et j'entraine à la mer
Les sels qui rendent sain son élixir amer.

Sans eux, malgré les vents, sa liqueur corrompue
Ne serait qu'un marais croupissant et qui pue.

Si je ne lui portais ce tribut précieux,
Le souffle de la peste emplirait tous vos cieux.

Mais à quoi bon compter ce que je fais encore
Pour toi que je nourris, et protège, et décore ?

Tous tes honneurs, c'est moi qui les ai mérités,
Terre ; car tu ne vis que de mes charités.

Pour que tu sois la terre, ô roc, il faut qu'il pleuve ;
Il te faut l'eau, nuage, et pluie, et source, et fleuve.

Si je te refusais mes larmes que tu bois,
Ton pauvre front tout nu serait chauve de bois ;

Sur tes flancs racornis tes mamelles arides
Se ratatineraient aux crevasses des rides ;

Ta chair s'effiloquant ainsi qu'un oripeau,
Ton squelette en granit viendrait trouer ta peau ;

Et tu ne serais plus dans la mort endormie,
Que le corps desséché d'une vieille momie.

Mais ne crains rien ; je t'aime et tu ne mourras pas.
Le travail que je fais a pour moi trop d'appas !

M'exhaler de la mer, m'envoler vers la nue,
Te baiser, puis rentrer là d'où je suis venue,

C'est plaisir toujours vierge et toujours renaissant
Pour mon âme sans fin qui monte et redescend.

Quand je t'ai pénétrée ainsi par chaque pore,
Je m'écoule, ruisseau ; brouillard, je m'évapore ;

Puis, pour recommencer, ou brouillard, ou ruisseau,
Je retourne avec joie à la mer, mon berceau.

Car tout ce que j'ai dit de moi, c'est d'elle seule
Qu'il faut le dire. Elle est la mère. Elle est l'aïeule.

Elle est la mère où tout revient incessamment,
La mère où tout retrouve un rajeunissement.

Même ton souffle et ta parole, ô bouche humaine,
L'air qui les vaporise à la mer les ramène.

Toutes les eaux, coulants ou voltigeants essaims,
Au bout de leur voyage ont pour ruche ses seins.

Elles y font le miel délicieux et monde
Dont fleurit chaque jour le renouveau du monde.

O ruche merveilleuse! O seins que je gonflais !
C'est eux qu'il faut chanter. Terre, homme, chantez-les !

Chantez la mer qui fut votre génératrice !
Chantez son eau qui reste encor votre nourrice !

Chantez sa gloire, vous qui faites des chansons
Dont le verbe est parlant mieux que mes vagues sons !

Chantez, vous, les humains, dont les lèvres décloses
Savent dire l'essence et la marche des choses !

Chantez pour vous, et pour l'animal impuissant
Qui n'a pas le secret d'exprimer ce qu'il sent !

Chantez la mer, chantez son hosanna de reine !
Chantez, et qu'en passant mon tourbillon l'entraine,

Afin que je redise en accents triomphants
A son cœur maternel le cœur de ses enfants !

★

Oui, chantons la mer chérie,
Chantons tous notre patrie,
Notre nid, notre grenier !
Chantons d'un chœur unanime,
Tous, jusqu'à l'être anonyme,
Tous, du premier au dernier !

Car tous nous avons pour elle
La tendresse naturelle
Par laquelle obstinément
Vers celle où l'on prit naissance
Va notre reconnaissance
Comme le fer à l'aimant.

Tous, une habitude douce,
Un obscur instinct, nous pousse
A ne jamais oublier
Qu'avant de voir la lumière
Nous eûmes son eau première
Pour élément familier.

Des réminiscences vagues
Du temps passé sous ses vagues
Vient le goût universel
De toutes les créatures
Pour mêler à leurs pâtures
Cette âme des flots, le sel.

C'est par atavisme encore
Que dans l'œuf, où s'édulcore
Le mucus, tous les têtards,

Tous, et même aussi le nôtre.
Revivent l'un après l'autre
Leurs liquides avatars.

Dans le sein de notre mère,
Chaque passage éphémère
Où, fœtus, nous nous formons,
Représente un des passages
Que connut aux anciens âges
Notre être dans les limons.

Ainsi tous, tant que nous sommes,
Les bêtes comme les hommes,
Nous rendons à notre insu
Inconscient témoignage
Aux sources de ce lignage
Qui de la mer est issu.

Chantons donc la mer chérie,
Chantons tous notre patrie,
Notre nid, notre grenier !
Chantons d'un chœur unanime,
Tous, jusqu'à l'être anonyme,
Tous, du premier au dernier !

Tous, tous, à la mère antique
Chantons un pieux cantique !
Chantons l'hymne de nos Fois
A l'aïeule vénérée
Qui nous créa, qui nous crée
Aujourd'hui comme autrefois.

Qu'en cet hymne d'harmonie
Saintement soit réunie
Pour baiser ses cheveux blancs
Toute sa famille en fête,
Tous ceux dont la chair est faite
De la sueur de ses flancs !

Tous, les oiseaux de l'espace,
La colombe et le rapace,
Les ruminants aux grands yeux,
Toutes les races mêlées,
Les chanteurs, lyres ailées,
Les poissons silencieux,

Les reptiles nus et chauves,
Les moutons bêlants, les fauves
Dont le cuivre retentit,

L'éléphant et la phalène
Tous, tous, tous, de la baleine
A l'infiniment petit !

Tous, tous, tous, qu'ils chantent celle
D'où leur vie à tous ruisselle,
Et dans ce chœur d'animaux,
Grand *Magnificat* physique,
Que leurs cris soient la musique
Dont l'homme écrira les mots !

★

Hélas ! nous aurions beau dans cet hymne superbe
Allumer tous les feux des diamants du verbe,
Y brûler tout l'encens de tous ses encensoirs,
Y prodiguer les fleurs des matins et des soirs,
Y mêler tous les bruits avec tous les murmures,
Depuis les sons furtifs glissant sous les ramures
Qui se content tout bas des contes divaguants,
Jusqu'aux rugissements rauques des ouragans,
Y faire s'envoler sur l'aile du vocable
L'ode expliquant dans un éclair l'inexplicable,

Y fondre en symphonie aux magiques accords
Tous les soupirs de l'âme et tous les cris du corps.
Tout ce qui vibre enfin, et palpite, et s'exprime
Aux incantations du rythme et de la rime.
O mer, nous aurions beau de cet hymen savant
Enfler l'orchestre avec tous les cuivres du vent.
Les cors des brises, les buccins aquilonaires.
Et les tambours et les cymbales des tonnerres
Et les hautbois des bois, les flûtes des vallons.
Les harpes de l'espace, et tous les violons
Qu'un invisible archet fait pleurer sur les grèves.
O mer, nous aurions beau dans le plus fou des rêves
Avec tout le possible et l'impossible aussi
Essayer à pleins cœurs de te chanter ainsi.
O mer, mer, tout cela ne dirait pas encore
Ni ta grandeur, ni la grâce qui la décore,
Ni cette majesté qui nous jette à genoux.
Ni tes bontés sans fin qui fleurissent en nous.
Oh ! que chacun plutôt te chante en son langage
Et t'offre à sa façon ses vœux dont l'humble gage
Témoigne seulement de sa sincérité !
Aucun de tes enfants n'aura démérité.
Quelle que soit sa voix obscure et vagissante.
Pourvu qu'au plus profond de lui-même il te sente.
Et pourvu qu'il le dise, homme, simple animal.
Même plante, mais qu'il le dise bien ou mal.

Pour moi, mettant ici tout ce que j'ai pu mettre,
Domptant l'âpre science aux souplesses du mètre,
Laissant sonner aussi la lyre en liberté,
L'amour que je te dois, ô mer, je l'ai chanté
Avec toute ma force et ma reconnaissance,
J'ai chanté tes beaux flancs où nous prîmes naissance,
Tes flancs toujours féconds et la gloire de l'eau,
Et, près de pendre sur ton autel ce tableau
En ex-voto pieux prouvant ma foi fervente,
Si mon indignité devant toi m'épouvante,
J'ai pour rendre la paix à mon cœur anxieux
La consolation d'avoir fait de mon mieux
Et d'avoir mis ma lèvre en m'abîmant en elle
Aux seins inépuisés de l'Isis éternelle.

VIII

LA MORT DE LA MER

Car tu mourras aussi, toi qu'on croit immortelle,
Toi que notre louange et nos vœux complaisants
T'ayant faite déesse, adoraient comme telle.

Vieille, tu n'auras pas toujours, toujours, quinze ans.
Tu connaîtras aussi les chevaux qu'on débride,
Et les adieux forcés aux jours agonisants,

Et les cheveux blanchis, et l'implacable ride,
Et la seconde enfance aux pas irrésolus,
Et la décrépitude à l'haleine putride.

Tu connaîtras cette heure où de pleurs superflus
On tâche à ranimer les antiques verveines
Qui fanent dans vos doigts et ne fleuriront plus,

Cette heure des regrets et des oraisons vaines
Où l'on veut rappeler le printemps qui s'enfuit,
Où le sang plus épais se glace dans les veines,

Où la chanson du cœur s'éteint à petit bruit,
Où l'on sent lentement au fond de sa prunelle
Le soleil las descendre en l'éternelle nuit.

Et ce n'est pas le vent qui viendra de son aile
Fondre à force d'amour tes membres desséchés,
C'est la terre au corps mou qui t'aura bue en elle.

Pour apaiser sa soif et nourrir ses rochers,
Tous les sels et les sucs de tes eaux généreuses
Dans son sein peu à peu se seront épanchés.

Car c'est, en la baisant, ta tombe que tu creuses.
A toujours y passer, tes mobiles vapeurs
S'immobiliseront dans ses chairs ténébreuses.

Longtemps tu te fieras à ses fleuves trompeurs
Pour te les ramener de leurs courses secrètes,
Et tu ne verras point que leurs molles torpeurs

En gardent le meilleur dans d'obscures retraites,
Et que pour enrichir le sol tu t'appauvris,
Car il ne te rend pas tout ce que tu lui prêtes.

En même temps, sous une averse de débris
Ton lit s'exhaussera par d'insensibles crues
De tous les ossements de ceux que tu nourris,

Et ces larves un jour au soleil apparues
Y serviront d'assise aux continents nouveaux
Où tes flots briseront les socs de leurs charrues.

Ainsi, la terre et toi confondant vos niveaux,
C'est le tien qui devra subir la loi dernière.
La lutte est inégale entre vos cœurs rivaux.

Elle si mendiante et toi trop aumônière,
Grâce à tes charités, son triomphe est certain.
C'est elle qui sur toi plantera sa bannière.

Et tu reculeras d'un pas chaque matin,
D'un autre pas encor chaque soir devant elle.
Elle te prendra tout, tes vagues de satin,

Tes plages d'or et tes écumes de dentelle ;
Elle mettra ton corps ratatiné tout nu ;
Et tu devras mourir, alors, pauvre immortelle !

Oh ! quel jour ! Je le vois en rêve. Il est venu.
De cette immensité radieuse et mobile
Il ne reste plus rien qu'un lac au flot menu,

Une vase où frémit un brin d'algue débile,
Un marais croupissant, morne et silencieux,
Épais comme un crachat, noir comme de la bile.

Quelques agonisants sont là, buvant des yeux,
Humant à pleins poumons, ce peu d'eau qui demeure
Et qui va dans l'instant s'exhaler vers les cieux.

Connaissant qu'eux aussi mourront à la même heure
Où la brume suprême aura quitté le sol,
Ils tremblent, sans pouvoir empêcher qu'elle meure.

Comme au lit d'un malade on guette encor le vol,
Sur un miroir, de son haleine exténuée,
Par moments vers l'espace ils redressent leur col

Pour voir sur l'implacable azur quelque nuée.
Mais le souffle qui va s'envoler est trop peu
Pour ternir ce miroir de sa vague buée.

Il s'évanouira dans cet abime bleu.
Il s'y sera fondu sans marquer qu'il y passe,
Sans même que personne ait pu lui dire adieu.

Et pourtant, ce qui fuit avec lui dans l'espace,
Ce qui disparait là pour ne revenir plus,
A jamais absorbé par l'infini rapace,

C'est l'antique fracas des flux et des reflux,
C'est l'hymne séculaire entonné par les grèves.
Les fleuves, les moissons et les bois chevelus ;

C'est tout ce qui vibrait, clamait, chantait sans trèves ;
La plante, et l'animal, et le cœur agité
De l'homme où bouillonnaient tant de vœux, tant de rêves ;

C'est avec tous ses bruits toute l'humanité,
Depuis les jours lointains où nous étions des brutes
Aux jours où l'on bâtit la dernière cité ;

C'est nos ambitions, nos pensers et nos luttes,
Les générations à l'assaut du progrès
Montant toujours malgré les haltes et les chutes ;

C'est le savoir tenace et vainqueur des secrets,
Les arts extasiés comme une épiphanie,
L'amour où l'infini se montre de si près

Qu'à l'éclair du baiser et de la chair unie
Il semble que d'un coup l'éternel univers
S'épanouit au fond de cette fleur bénie ;

C'est tous les horizons que nous aurons ouverts ;
C'est tous les noms sacrés de toutes les histoires,
Tous les trouveurs de lois, tous les chanteurs de vers,

Tous les triomphateurs debout sur leurs victoires,
Tous les héros qui pour éclairer le chemin
Ont offert aux bûchers leurs corps expiatoires.

Tous ceux d'hier, tous ceux qu'on aura vus demain,
Tous ceux par qui la flamme, une fois allumée,
Inextinguible aura passé de main en main ;

C'est la terre vivante et par nous exprimée,
C'est notre âme et la sienne aussi, c'est tout cela
Qui dans cette vapeur va partir en fumée !

Oh ! dans vos cœurs pieux plutôt absorbez-la,
Derniers êtres penchés sur cette moribonde !
Ne la laissez pas fuir et s'envoler de là !

Car la source divine où l'existence abonde
Est tarie, et les vieux espoirs sont superflus
Des retours qu'eut jadis sa marche vagabonde.

Sa vigueur est à bout. Les temps sont révolus.
Et quand s'exhalera de sa bouche si pâle
Ce souffle qui jamais n'y redescendra plus,

Ce sera de la terre aussi le dernier râle ;
Après quoi, décharnés, ses membres raidiront,
Et le vent de la mort gercera de son hâle

Ce cadavre hagard tournant toujours en rond,
Qui n'ira même pas contre un astre de foudre
De son hideux squelette un jour briser le front,

Mais qui se réduira sinistrement en poudre,
Et que l'éternel gouffre aux incessants travaux
Dans ses chaos futurs finira de dissoudre

Pour servir de fumier à des mondes nouveaux.
O mer, ne pousse pas vers cette heure dernière
D'un galop si fougueux l'élan de tes chevaux !

Laisse un peu reposer leur flottante crinière.
Ne te dépense pas à trop de charités.
Longtemps, longtemps encor dans ta beauté plénière

Berce tous les enfants sous ta force abrités.
Songe que, toi partie, ô divine nourrice,
Il ne restera rien à ces déshérités.

Pour que plus lentement ta mamelle tarisse,
Sois ménagère enfin de son lait précieux.
O mer prodigue, apprends à ton cœur l'avarice.

Ne souffle pas si fort vers les avides cieux
Ces vivantes vapeurs qu'un jour nos tristes races
Y chercheront en vain pour rafraîchir leurs yeux.

Ne dilapide plus le trésor de tes grâces
A l'espace, au soleil, au vent, au sol voleur
Qui le boivent sans fin de leurs lèvres voraces.

O mer, que ton printemps se garde dans sa fleur !
O mer, ne hâte point l'heure du noir mystère
Où dans l'exhalaison de ton suprême pleur

S'envoleront notre être et l'âme de la terre !
O mer qui nous as faits, ô mer que nous aimons,
Mer adorable, mer bonne, mer salutaire,

Mer aux cheveux d'argent coiffés de goëmons,
Mer qui portes l'Avril dans ta verte prunelle,
O chair de notre chair, ô vent de nos poumons,

O mer qui nous parais la jeunesse éternelle,
Oh ! laisse-nous longtemps encor dans l'avenir
Croire à cette jeunesse et rajeunir en elle,

Et nous imaginer qu'elle ne peut finir,
Et toujours en vouloir l'incessante caresse,
Et la faire à nos vers incessamment bénir.

Et la boire sur ta bouche d'enchanteresse
Sans y voir tes baisers s'éteindre agonisants,
Et sans jamais sentir, ô Mer, vieille maîtresse,

Que les jours sont venus où tu n'as plus quinze ans!

FINALE

I

GALETS SÉCHÉS

O vers, vous trompez mon attente.
La couleur la plus éclatante,
Les mots les plus phosphorescents,
Demeurent froids, pâles et vagues,
Lorsque je les compare aux vagues
Qu'ils ont peintes, ces impuissants !

Et pourtant j'y mis toute l'âme,
Et la patience, et la flamme,
Et la main d'un bon ouvrier.
J'ai commencé le cœur en fête.
Maintenant, la besogne faite,
Je m'en veux à m'injurier.

LA MER

Pauvre fou, sertisseur de rimes,
C'est vainement que tu t'escrimes
Dans ce long duel contre la mer.
Tes vocables et leur tapage,
Dans ta cervelle et sur ta page
Ça n'a plus du tout le même air.

Ainsi, quand s'en va la marée,
Sur la plage humide et moirée
De tons bleus, verts, blancs, violets,
Jaunes, roses, l'on voit éclore
En parterre multicolore,
Dans l'or du sable, les galets.

L'eau qui les mouille encor par place
Y brille, y miroite, les glace
De son resplendissant vernis.
Viennent le soleil et la brise !
Ils sèchent. Sur l'arène grise
S'éteignent les cailloux ternis.

Ainsi mes plus claires idées
Ont des nuances décidées
Quand le songe y met son cristal ;

FINALE

Mais le cristal se vaporise
Au premier souffle de la brise,
Au soleil du papier brutal ;

Et mes pensers, mes vœux, mes rêves,
Étincelants de lueurs brèves
Tout à l'heure, à présent sont gris.
L'inspiration diaphane
Les mouillait, s'en va ; tout se fane.
Galets séchés et vers écrits !

II

POURTANT

Soit ! Nul à cette bataille
    N'est de taille.
L'impossible m'a hanté !
Mais de semblables défaites
    Sont des fêtes
Pour un cœur de ma fierté ;

Et je sors l'âme sereine
    De l'arène,
Puisque ma témérité
En elle a sa récompense,
    Quand je pense
Que ce duel, je l'ai tenté.

III

ADIEU-VAT

Ainsi le naufragé sans barre et sans compas,
Au moment de sombrer sous la vague profonde
Vers des abimes noirs où n'atteint point la sonde,
Sûr qu'aux requins son corps va servir de repas,

Veut arracher du moins sa mémoire au trépas,
Et la lègue, livrée à la grâce de l'onde,
Aux flancs garnis d'osier d'une bouteille ronde
Que la mer roulera, mais ne brisera pas ;

Ainsi, sur l'Océan de ce siècle d'orages,
Je veux mettre mon nom à l'abri des naufrages
Dans l'osier de ces vers solidement tressés.

Et j'espère qu'un jour, après mille aventures,
O flots en qui j'ai foi, flots qui m'engloutissez,
Vous le déposerez sur les plages futures.

TABLE DES MATIÈRES

UN DIZAIN DE SONNETS EN GUISE DE PRÉFACE   1

LES LITANIES DE LA MER   13

MARINES

I. Accouchement   51
II. Les papillons   52
III. Les hirondelles de mer   55
IV. La Falaise   58
V. Oceano nox   61
VI. Brune de midi   64
VII. Le jardin vivant   65
VIII. Pantomime   68
XI. Aquarium à marée basse   71
X. Bataille de nuit   75
XI. Brise de terre   78
XII. Mackerel sky   80
XIII. Les phares   81
XIV. Nuageries   82
XV. Floréal   84
XVI. La fête du feu   87

XVII. En septembre 88
XVIII. Ventôse 90
XIX. Les corbeaux 95
XX. Effet de neige 100
XXI. Mouettes, gris et goëlands 104
XXII. Le pétrel 107
XXIII. Une vague 110
XXIV. Le dernier océan 113

MATELOTES

I. Largue 114
II. Mon premier voyage 121
III. Le joli navire 125
IV. C'est la fille du forban 129
V. La mère Barbe-en-jonc 133
VI. Le mauvais hôte 137
VII. Un coup d'riquiqui 140
VIII. Terrienne 142
IX. Amène 145

LES GAS

I. Partance 149
II. En ramant 150
III. Au cimetière 153
IV. Etude moderne d'après l'antique . . . 156
V. La marine militaire 158
VI. Parler mathurin 159
VII. Le mot de Gillioury 160
VIII. Pauvres bougres 164
IX. Le chalut 166
X. Les pouillards 170

TABLE DES MATIÈRES　　　　　371

 XI. Les sardinières　　　　　175
 XII. L'hareng saur　　　　　179
 XIII. Les haleurs　　　　　182
 XIV. Un morutier　　　　　190
 XV. Les songeants　　　　　193
 XVI. Les trois matelots de Groix　　　　　194
 XVII. Le serment　　　　　207

ÉTANT DE QUART

 I. Prélude　　　　　217
 II. Les écus de la lune　　　　　218
 III. La catafalque　　　　　219
 IV. Le margat　　　　　220
 V. Le baiser du vent　　　　　222
 VI. Oiseaux de tempête　　　　　223
 VII. Il était une fois　　　　　224
 VIII. Adieu　　　　　226
 IX. Les deux sœurs　　　　　227
 X. Baisers perdus　　　　　228
 XI. La colère du bateau　　　　　230
 XII. Frissons d'amour　　　　　239
 XIII. Voies lactées　　　　　240
 XIV. L'oublieux　　　　　241
 XV. Quatre heures du matin　　　　　244
 XVI. Jolis flots　　　　　245
 XVII. Larmes　　　　　248
 XVIII. Dans le brouillard　　　　　250
 XIX. L'étoile du Nord　　　　　252
 XX. Encore elle　　　　　253
 XXI. Elle toujours　　　　　254
 XXII. Clamavi　　　　　255
 XXIII. L'insaisissable　　　　　256
 XXIV. A la dérive　　　　　258
 XXV. Les îles roses　　　　　261

XXVI. Causeries de vagues	262
XXVII. Ce qu'en pense un flot	263
XXVIII. Terre !	264
XXIX. De retour	266
XXX. Post-scriptum	267

LES GRANDES CHANSONS

I. La vieille	271
II. Le souffle	280
III. Le secret	286
IV. Le sel	292
V. Les monstres	302
VI. Les algues	306
VII. La gloire de l'eau	319
VIII. La mort de la mer	351

FINALE

I. Galets séchés	363
II. Pourtant	366
III. Adieu-vat	367

ÉVREUX, IMPRIMERIE DE CHARLES HÉRISSEY

www.ingramcontent.com/pod-product-compliance
Lightning Source LLC
Chambersburg PA
CBHW050531170426
43201CB00011B/1387